RECUEIL

DES
DECLARATIONS
DU ROY,

ET ARRESTS DU CONSEIL,

PORTANT AUGMENTATION DE DROITS

aux Entrées & Sorties du Royaume,

Sur les Marchandises, Denrées & Manufactures y
specifiées, tant de France que des Païs Estrangers;
Outre ceux portez par les Tarifs des dix-huit
Septembre 1664. & dix-huit Avril 1667.

Donnez depuis le mois de Mars 1687. jusqu'à present.

A PARIS,

Chez THOMAS CHARPENTIER, à l'Entrée du Quay
de Gévres, prés le Pont au Change, au Paradis.

M. DC. XCVIII.

ARREST

CONTRADICTOIRE

DU CONSEIL D'ESTAT DU ROY,

SA MAJESTE' Y'ESTANT,

Du vingt-sixiéme Juillet 1687.

QUI Regle les Droits qui feront payez , pour l'Entrée des
Soyes Originaires , Creuës , Torſes , Ouvrées ou Teintes ,
des Provinces de Languedoc , Provence & Dauphiné :
Et qui ſpecifie les Bureaux par où leſdites Soyes , &
celles venant des Païs Eſtrangers , Entreront dans le
Royaume , en execution des Edits , Ordonnances ,
Declarations & Arreſts donnez pour la Doüanne de
Lyon ; Declarant tous autres Bureaux , Routes &
Paſſages , Obliques & deffendus , &c.

Extrait des Regiſtres du Conſeil d'Eſtat.

VEU par le Roy , eſtant en ſon Conſeil , l'Arreſt rendu en
iceluy le treize Novembre 1680. ſur la Requeſte du Syndic
General de la Province de Languedoc ; TENDANTE , à
ce que les Soyes de la Province de Languedoc , ſoient exemptes

NOTA. *Par Arreſt du 12. Juillet 1689. cy-aprés ; Il eſt Ordonné qu'il ſera Levé*
15. ſ. de chaque livre peſant. ſur les Soyes ardaſſes , venant d'Anvers & autres Païs
Eſtrangers , dans les Villes & Lieux Conquis és Païs bas.

Et par autre Arreſt du 3. Juillet 1692. cy-aprés ; Il eſt Ordonné que les Soyes
& autres Marchandiſes de Levant , venant au Port de Dunkerque , y payeront
le Droit de Vingt pour Cent de leur valeur.

A

de paſſer par la Ville de Lyon , pour eſtre portées à Tours & à Paris ; En conſequence faire Main-levée au nommé Maillard, des Soyes & Mullets ſur luy Confiſquez, à la Requeſte des Prevoſt des Marchands & Eſchevins de la Ville de Lyon, & ordonner que tout luy ſera rendu & reſtitué, ſinon la juſte valeur s'ils ne ſont pas en nature ; Par lequel Arreſt Sa Majeſté auroit Ordonné , que les Parties conteſteroient plus amplement audit Conſeil ; cependant fait Main-levée audit Maillard , des Soyes & Mullets ſur luy Saiſis. Autre Arreſt dudit Conſeil du vingt-trois Avril 1686. Par lequel Sa Majeſté auroit fait Main-levée à Maiſtres Loüis Martin, Claude Marchand & Eſtienne Lamy, Marchands de la Ville de Paris, de Cinq Ballots de Soyes & Capiton ſur eux Saiſis, à la Requeſte de Claude Pautot, Fermier du Tiers ſur-Taux & Quarantiéme de ladite Ville de Lyon. La Requeſte preſentée audit Conſeil, par les Prevoſt des Marchands & Eſchevins de ladite Ville de Lyon ; Contenant qu'encore que par les Edits & Ordonnances des Rois Predeceſſeurs de Sa Majeſté, donnez au ſujet de la Doüanne de Lyon, & par les Arreſts rendus en conſequence , il ſoit ſuffiſamment étably, ainſi que par la poſſeſſion immemoriale qui les a ſuivie, que l'Entrée & Paſſage des Soyes & Soiries, & Eſtofes d'Or & d'Argent, ont eſté indiſpenſablement preſcrites par ladite Ville de Lyon, même à l'égard des Soyes & Eſtoffes originaires, & qui ſe fabriquent dans le Royaume, ſujettes à ladite Doüanne, ainſi qu'il appert entr'autres par Lettres Patentes du huit Novembre 1583. qui défendent à tous Marchands & Voituriers de faire conduire aucunes Balles de Soyes en Avignon , S. Chaumond & ailleurs , même les Soyes d'Anduze & autres Païs de Provence & Languedoc, qu'elles n'ayent eſté amenées auparavant dans ladite Ville de Lyon ; Leſdites Lettres Confirmées par Arreſt du feu Roy Loüis XIII. du vingt-ſept Juin 1613. Conformément auſquels l'Arreſt du Conſeil du trois Février 1670. a Ordonné , que toutes ſemblables Marchandiſes ſujettes aux Droits de la Doüanne de Lyon , leſquels ne doivent eſtre payez que dans ladite Ville, y ſeroient conduites & voiturées : Neanmoins pluſieurs Marchands de la Province de Languedoc, eſtans excitez par le grand profit qu'ils ont trouvé, à envoyer dans la Ville de Paris & ailleurs , des Soyes de ladite Province, & les Eſtoffes qui s'y fabriquent, ſans eſtre ſujettes aux Droits de Sa Majeſté, ſe ſont aviſez depuis quelques années , de changer les Voyes preſcrites par leſdites Ordonnances & Arreſts, c'eſt-à-dire le Paſſage uniquement & indiſpenſablement Permis & Ordonné par ladite Ville ; Ce qui auroit obligé leſdits Prevoſt des Marchands , & Adjudicataire des Droits de Sa Majeſté, établis pour le Quarantiéme & Tiers ſur-Taux de ladite Doüanne, ſous le nom de Claude Pautot , de faire Saiſir des Balles de Soyes trouvées dans les Voyes obliques , appartenantes aux ſieurs Selon & Martin , & d'en demander la Confiſcation, ainſi qu'elle fut ordonnée par les Juges de la Doüanne de Lyon en l'année 1672. Le Jugement eſtant neanmoins demeuré pour lors ſans effet, en conſequence des Ordres du Conſeil. Depuis lequel temps le nommé Maillard, Marchand de ladite Province, ayant prétendu pouvoir continuer le tranſport deſdites Soyes par les mêmes Routes, il auroit eſté arrété avec d'autres Balles de Soyes en l'année 1680. leſquelles auroient eſté Saiſies ; Mais ayant eu recours à l'intervention du Syndic de la Province de Languedoc , & ſur des ſuppoſitions également contraires à l'eſprit & à l'intention deſdites Ordonnances, & au bien & à l'avantage du Commerce general du Royaume, il auroit obtenu un Arreſt, ſous le nom dudit Syndic , le vingt-troiſiéme Novembre 1680. Par lequel il fuſt ordonné que les Parties; Sçavoir, le Député de la Ville de Lyon, & ledit Syndic pour lors en cauſe , conteſteroient plus amplement ſur leurs Prétentions reſpectives , concernant ledit Paſſage , & cependant Main-levée par Proviſion leur fût accordée de ladite Saiſie. Sur le fondement duquel Arreſt , Loüis Martin , Claude Marchand & Eſtienne Lamy , Marchands Banquiers de la Ville de Paris, ayant prétendu continuer le même Commerce avec ceux de Languedoc, & faire venir des Soyes de ladite Province par les mêmes Chemins, ils auroient eſté neceſſitez de faire Saiſir quatre Balles de Soyes trouvées ſur leſdits Chemins : Et quoy que la Saiſie qui a eſté faite ſoit auſſi legitime & fondée ſur une manifeſte Contravention ; Neanmoins ſur la ſimple Requeſte deſdits Marchands , ſans faire mention de la conteſtation encore pendante au Conſeil, ſur le fonds, eſt intervenu Main-levée pure & ſimple qui leur a eſté faite deſdits quatre Balles ſaiſies : Et par cette ſurpriſe ils ont prétendu ôter toutes ſortes de recours auſdits Prevoſt des Marchands & Eſchevins, contre de pareilles entrepriſes ; Leſquelles ſi elles continüent d'avoir lieu, mettront en tel état le Com-

A ij

merce de la Ville de Lyon , c'eſt-à-dire celuy deſdites Soyes &
Soiries, qui fait ſeul la ſubſiſtance de cette grande Ville, & qui
luy avoit cy-devant eſté par tant de ſortes de raiſons, & par tant
d'Edits & Arreſts ſi ſoigneuſement conſervez , qu'elle ſe trouve
réduite à y renoncer entierement; Puiſqu'il eſt conſtant & viſible
que leſdits Marchands de Languedoc , épargnans ſur chaque
Balle de Soyes prés de Cent vingt livres de Droits, que celles qui
Entrent & Paſſent dans ladite Ville, pour eſtre Commercées par
ſes Negocians à Paris, Tours & ailleurs, ne peuvent éviter, ſi la
continuation du Paſſage par les mêmes Routes, eſt Permiſe à ceux
dudit Languedoc ; C'eſt proprement interdire le Commerce à ceux
de Lyon, ou les réduire à la neceſſité de ne le pouvoir faire que
par ceux du Païs de Languedoc. Dailleurs on ne pourroit empê-
cher dans l'état où ſont les choſes, la confuſion des Soyes Etrangeres d'avec les Originaires, & que les Soyes venant par Marſeille,
ne ſoient conduites en Languedoc, & de là par tout ailleurs : Et
d'un autre côté ne ſeroit-ce pas un avantage ſuffiſant & même ex-
traordinaire pour ceux de Languedoc , de pouvoir fournir à leur
Province & à celles de Provence & Dauphiné , toutes les Soyes
qu'ils recüeillent & fabriquent chez eux , avec l'Exemption des
Droits qui ſe levent pour Sa Majeſté dans ladite Ville de Lyon,
pendant que les Marchands & Habitans de ladite Ville, ne peuvent avoir de Soyes ny Etoffes de Soyes , qu'ils n'ayent payé tous
leſdits Droits. A Ces Causes, Requeroient qu'il pluſt à Sa
Majeſté , les recevoir Oppoſans à l'execution dudit Arreſt du vingt-
trois Avril 1686. & faiſant droit ſur l'Oppoſition , Ordonner qu'il
ſera procedé au Jugement de la Confiſcation requiſe deſdites quatre Balles de Soyes, pardevant les Juges ordinaires de la Doüanne
de Lyon, conformément aux ſuſdits Edits, Ordonnances & Arreſts
du Conſeil; Sauf l'Appel audit Conſeil, & ſans préjudice de la
Conteſtation qui y eſt pendante , entre leſdits Supplians & ledit
Syndic de Languedoc , au deſir dudit Arreſt du treize Novembre 1680. La Réponſe fournie par ledit Syndic, à ladite Requeſte,
qu'il n'y a aucun Acte à produire , ny aucune raiſon à alleguer,
que ce qui a eſté produit & allegué lors de l'Arreſt dudit Conſeil
du treize Novembre 1680. Qu'il ne faut que lire cet Arreſt pour
trouver que les Lettres Patentes de 1583. & 1613. Et les Arreſts de
1670. & 1674. dont leſdits Prevoſt des Marchands & Eſchevins ſe

fervent, ont eſté produits. Les Repliques fournies par leſdits Pre-
voſts des Marchands & Eſchevins. Et Sa Majeſté ayant fait exami-
ner en ſon Conſeil leſdits Edits, Declarations & Arreſts, & tout ce
qui a eſté écrit & produit de part & d'autre; Elle a réſolu de pourvoir ſur le tout, par un Reglement certain, par rapport au Commerce & à l'avantage reciproque des Provinces de Languedoc, Provence & Dauphiné, & de la Ville de Lyon, en fixant & Reglant
les Droits qui ſeront payez, tant à l'Entrée qu'à la Sortie des Soyes
qui ſeront cruës, ouvrées ou teintes dans leſdites Provinces de Languedoc, Provence & Dauphiné: Et Oüy le Rapport du Sieur le
Pelletier, Conſeiller ordinaire au Conſeil Royal, Contrôlleur General des Finances. LE ROY ESTANT EN SON CONSEIL,
faiſant droit ſur le tout, A ORDONNÉ & Ordonne, Que les
Soyes originaires des Provinces de Languedoc, Provence & Dauphiné, qui ſeront conduites dans la Ville de Lyon, payeront outre la
Doüanne de Valence pour tous autres Droits, pour chacune Balle
de Cent ſoixante livres de net, poids de marc; Sçavoir, Les Soyes
cruës, Seize livres, au Fermier de la Doüanne de Lyon, & Huit livres à celuy du Tiers ſur-Taux, & Quarantiéme; Les Soyes torſes
ouvrées, Vingt-quatre livres, au Fermier de ladite Doüanne, &
Douze livres à celuy du Tiers ſur-Taux, & Quarantiéme; Les Soyes
teintes, Quatre ſols pour chacune livre peſant, au Fermier de ladite Doüanne, & deux ſols à celuy du Tiers ſur-Taux, & Quarantiéme. Les Soyes originaires deſdites Provinces de Languedoc,
Provence & Dauphiné, qui paſſeront dans l'étenduë des Cinq
groſſes Fermes, par les lieux de Gannat & de Vichy, payeront aux
Bureaux que leſdits Fermiers y auront, Sçavoir, Les Soyes cruës,
Quarante livres, au Fermier des Cinq groſſes Fermes, auſſi pour
Balle de Cent ſoixante livres de net, poids de marc; Les Soyes
torſes ouvrées, Cinquante-huit livres, audit Fermier des Cinq
groſſes Fermes, pour chaque Balle de Soyes de même poids; Et
les Soyes teintes, Huit ſols par chacune livre peſant, audit Fermier
des Cinq groſſes Fermes. Les Soyes cruës & ouvrées du crû deſdites Provinces, qui ſeront tranſportées dans les Païs Etrangers,
par leſdits Bureaux & autres lieux, payeront Cent vingt livres pour
chacune Balle de Soye cruë; & Cent cinquante livres pour chacune Balle de Soye ouvrée, peſant Cent ſoixante livres de net poids
de marc, & ce tant en temps de Foires que hors de Foires. ET

A iij

au furplus ORDONNE Sa Majefté, que les anciens Edits, Ordonnances, Declarations, & Arrefts faits pour la Doüanne de
Lyon, feront executez felon leur forme & teneur: Et en confequence, Que toutes les Soyes venant des Païs Etrangers par Mer, ne
pourront Entrer dans le Royaume, que par le Port de Marfeille,
& par Terre par le Pont de Beauvoifin, pour eftre conduites dans
la Ville de Lyon, & y payer les Droits à la maniere accoutumée;
Sans exception de celles d'Avignon & Comté de Venife, lefquelles ainfi que les Etrangeres feront conduites dans la Ville de Lyon
directement ; Sans qu'entre les lieux par lefquels lefdites Soyes
Etrangeres Entreront, & ladite Ville de Lyon, il puiffe eftre fait
aucune Vente, Debit ny Entrepoft defdites Marchandifes, à peine
de Confifcation d'icelles, & des Charettes, Chevaux, Mullets,
Batteaux & autres Equipages. Et à l'égard defdites Soyes originaires defdites Provinces de Languedoc, Provence & Dauphiné,
elles ne pourront paffer que par la Ville de Lyon, ou par les Bureaux
de Gannat & Vichy; Sa Majefté déclarant toutes les autres Routes, Bureaux & Paffages obliques & deffendus, fur les peines portées par lefdites Ordonnances, Declarations & Arrefts. FAIT Sa
Majefté trés expreffes deffenfes aux Fermiers des Cinq groffes Fermes, & à leurs Commis & Prépofez, de Permettre l'Entrée defdites Soyes Eftangeres, de quelque nature & Païs qu'elles foient,
& des originaires defdites Provinces de Languedoc, Provence &
Dauphiné, que par les Ports, Paffages & Bureaux dénommez au
prefent Arreft: Et de donner aucuns Congez & Acquits de Payement pour d'autres endroits, fous quelque prétexte & pour quelque caufe que ce foit, A peine de Six mille livres d'Amende, applicable un tiers au Dénonciateur, & les deux autres tiers par moitié à l'Hôpital General de Paris, & à l'Hôtel-Dieu de Lyon, paya-
ble fans déport. PERMET aufdits Prevoft des Marchands & Ef-
chevins, de prépofer tels Commis qu'ils aviferont, aux Paffages
& Bureaux, pour veiller & obvier aux fraudes & contraventions
qui pourront eftre faites au prefent Arreft, tant par les Voyes
obliques qu'autrement. ENJOINT Sa Majefté aux Sieurs Intendans & Commiffaires Départis dans lefdites Provinces, Juges de
la Doüanne de Lyon & Valence , Juges des Traites-Foraines &
Cinq groffes Fermes, de tenir la main à l'execution du prefent Arreft, qui fera Leu, Publié & Affiché partout où befoin fera, à ce

qu'aucun n'en ignore : Et feront toutes Lettres à ce neceffaires expediées. FAIT au Confeil d'Eftat du Roy, Sa Majefté y eftant,
tenu à Verfailles, le vingt-fixiéme jour de Juillet mil fix cens quatre-vingt-fept. Signé, PHELIPEAUX.

ARREST

DU CONSEIL D'ESTAT DU ROY,

Du fixiéme Septembre 1687.

QUI Ordonne, Qu'il fera Levé par Me Pierre Domergue,
Six livres par Quintal, fur toutes les Laines & Agnis, qui
Sortiront de la Province de Dauphiné ; Outre & pardeffus
les Droits qui fe levent à prefent, &c.

Extrait des Regiftres du Confeil d'Eftat.

LE ROY voulant regler les Droits qui feront payez à l'avenir, fur chaque Quintal de Laine, qui Sortira du Royaume,
par les Frontieres de Dauphiné : O ü Y le Rapport du Sieur le Pelletier, Confeiller ordinaire au Confeil Royal, Contrôlleur General des Finances. SA MAJESTE' EN SON CONSEIL,
A ORDONNE' & Ordonne, Qu'à commencer du premier Octobre prochain, il fera levé par Maiftre Pierre Domergue, Adjudicataire des Cinq groffes Fermes & autres Unies, fes Procureurs
& Commis, Six livres par Quintal, fur toutes les Laines & Agnis
qui Sortiront de la Province de Dauphiné, foit que lefdites Laines & Agnis foient originaires de ladite Province, ou qu'elles la

NOTA. *Par Arreft du 14. Octobre 1687. Il eft Ordonné que le même Droit
de Six livres fera levé fur les Laines & Agnis qui Sortiront par Mer, des Provinces de Languedoc & Provence.*

*Par autre Arreft du 16. Mars 1688. cy-aprés ; Les Laines de toutes efpeces
Sortant du Royaume, par les Provinces de Champagne, &c. Payeront 20. livres
du Cent pefant.*

traverfent feulement, venant des Provinces de Languedoc, Provence, Comtat d'Avignon & Principauté d'Orange ; Outre & pardeffus les Droits qui fe levent à prefent. FAIT Sa Majefté trés-expreffes inhibitions & deffenfes à tous Marchands, Voituriers & autres, de faire Sortir & tranfporter lefdites Laines & Agnis, hors ladite Province de Dauphiné, par quelque endroit que ce foit, fans payer ledit Droit de Six livres d'Augmentation pour Quintal, au premier Bureau de leur Paffage, à peine de Confifcation defdites Laines & Agnis, Voitures, Chevaux & Equipages, & de Cinq cens livres d'Amende. ENJOINT Sa Majefté au Sieur Bouchu, Confeiller en fes Confeils, Maiftre des Requeftes ordinaire de fon Hoftel, Commiffaire Départy en ladite Province de Dauphiné, de tenir la main à l'execution du prefent Arreft, qui fera Leu, publié & affiché par tout où befoin fera, à ce qu'aucun n'en ignore. FAIT au Confeil d'Eftat du Roy, tenu à Verfailles, le fixiéme jour de Septembre mil fix cens quatre-vingt-fept. Collationné, Signé, RANCHIN.

ARREST

DU CONSEIL D'ESTAT DU ROY,

Du quatorziéme Octobre 1687.

QUI ORDONNE, Qu'il fera Levé Six livres, fur chacun Quintal de Laines & Agnis, qui Sortiront par Mer, des Provinces de Languedoc & Provence ; Outre & pardeffus les Droits qui fe Levent à prefent.

Extrait des Regiftres du Confeil d'Eftat.

LE ROY ayant par Arreft de fon Confeil du fixiéme Septembre dernier, Ordonné qu'à commencer du premier du prefent mois, il fera Levé par Maiftre Pierre Domergue, Adjudicataire des Fermes Unies, fes Procureurs, & Commis, Six livres par Quintal,

fur

fur toutes les Laines & Agnis qui Sortiront de ladite Province de Dauphiné, foit que lefdites Laines & Agnis foient Originaires de ladite Province, ou qu'elles la traverfent feulement, venant des Provinces de Languedoc, Provence, Comtat d'Avignon, & Principauté d'Orange; Outre & pardeffus les Droits qui fe Levent à prefent. Et Sa Majefté voulant pourvoir à ce que les mêmes Droits foient Levez, fur les Laines & Agnis defdites Provinces de Languedoc & Provence, qui Sortiront par Mer: Oüy le Raport du Sieur le Pelletier, Confeiller ordinaire au Confeil Royal, Contrôlleur General des Finances. SA MAJESTE' EN SON CONSEIL, A ORDONNE' & Ordonne, Que lefdits Droits de Six livres, feront Levez par ledit Domergue, fes Procureurs & Commis, fur chacun Quintal de Laines & Agnis, qui Sortiront par Mer des Provinces de Languedoc & Provence; Outre & pardeffus les Droits qui fe Levent à prefent. FAIT Sa Majefté, trésexpreffes deffenfes à tous Marchands, Voituriers & autres, de faire Sortir & tranfporter lefdites Laines & Agnis, hors defdites Provinces par Mer, fans payer ledit Droit de Six livres d'Augmentation par Quintal, au premier Bureau de leur Paffage; A peine de Confifcation des Laines & Agnis, Voitures, Chevaux, Equipages, Vaiffeaux & Bâtimens, & de Cinq cens livres d'Amende. ENJOINT Sa Majefté, aux Sieurs Intendans de Juftice, Police & Finances defdites Provinces, chacun dans l'étenduë de fon Département, de tenir la main à l'execution du prefent Arreft. FAIT au Confeil d'Etat du Roy, tenu à Fontainebleau, le quatorziéme jour d'Octobre mil fix cens quatre-vingt-fept. Collationné, Signé, DE FREMONT.

ARREST

DU CONSEIL D'ESTAT DU ROY

SA MAJESTE' Y ESTANT,

Du huitiéme Novembre 1687.

PORTANT, Qu'il fera Levé & perçû à l'Entrée de Marfeille, & autres Ports des Provinces de Languedoc & Provence, fur les Cuirs tannez venant des Païs Etrangers, Vingt pour Cent de leur valeur, fuivant l'Eftimation qui en fera faite.

Extrait des Regiftres du Confeil d'Eftat.

SUR ce qui a efté reprefenté au Roy eftant en fon Confeil; Que par l'Edit du mois de Mars 1669. & Arrefts du Confeil rendus en confequence, Sa Majefté ayant Ordonné, que les Marchandifes venant du Levant & autres Lieux mentionnez par ledit Edit, qui auront efté Entrepofez aux Païs Etrangers, foit en la Mer Mediteranée ou dans la Mer Oceane, payeroient à Marfeille & autres Lieux, à l'Entrée du Royaume, Vingt pour Cent de leur valeur : Neanmoins les François & les Etrangers, pour éluder l'execution dudit Edit, font porter les Cuirs de Levant & Barbarie hors du Royaume, où les faifant apréter, ils les apportent enfuite audit Marfeille, & les y debitent fans payer lefdits Droits de Vingt pour Cent ; A quoy eftant neceffaire de pourvoir, pour empefcher le préjudice que le Commerce des François en Levant reçoit de cet abus, & la ruine des Tanneries de Provence & autres du Royaume : Oüy le Rapport du Sieur le Pelletier, Confeiller ordinaire au Confeil Royal, Contrôlleur General des Finances. LE ROY ESTANT EN SON CONSEIL, A Ordonné

NOTA. *Ce même Droit de 20. pour Cent, à l'Entrée fur lefdits Cuirs, a efté Ordonné par trois Arrefts des 7. Septembre 1688. premier Février, & 10. Mars 1689. cy aprés.*

& Ordonne, Qu'à commencer du premier Decembre prochain, il
fera Levé & perçû à l'Entrée de Marſeille, & autres Ports des Provinces de Languedoc & Provence, ſur les Cuirs tannez de toute
ſorte venant des Païs Etrangers, Vingt pour Cent de leur valeur,
ſuivant l'eſtimation qui en ſera faite, ſoit qu'ils appartiennent aux
François ou aux Etrangers. ENJOINT Sa Majeſté, aux Sieurs
Intendans & Commiſſaires Départis dans leſdites Provinces de
Languedoc & Provence, de tenir la main à l'execution du preſent
Arreſt. FAIT au Conſeil d'Eſtat du Roy, Sa Majeſté y eſtant,
tenu à Fontainebleau, le huitiéme jour de Novembre mil ſix cens
quatre-vingt-ſept. Signé, COLBERT.

ARREST

DU CONSEIL D'ESTAT DU ROY,

Du huitiéme Novembre 1687.

QUI ORDONNE l'Execution des Tarifs & Arreſts pour
la Levée des Droits de la Patente de Languedoc : Et
qui Regle à Trente ſols pour chacun Muid de Vin, &
Cinq livres pour chaque Barique d'Eauë de Vie, les
Droits de Sortie, dans l'étenduë de ladite Ferme.

Extrait des Regiſtres du Conſeil d'Eſtat.

SUR la Requeſte preſentée au Roy en ſon Conſeil, par Maître
Jean Fauconnet, Fermier General des Fermes Unies; CON-
TENANT, Que Jean Rayet, Voiturier de la Paroiſſe de Caillar,
s'eſt pourvû en la Cour des Aydes de Montauban, par deux Requeſtes; L'une du vingt-ſept Aouſt 1685. contre le Suppliant, Acc
qu'il fût tenu de remettre au Greffe, le Tarif des Droits de Foraine, des Marchandiſes & Denrées portées aux Païs Etrangers,
dans lequel Tarif ne ſeront compris les Droits de Domanialle,
attendu que par Arreſt du Conſeil de l'année 1609. les Païs de

Quercy en ont esté Exempts ; Et l'autre du onze Janvier 1686.
A ce qu'en faisant droit sur la precedente , ledit Fauconnet &
ses Commis seroient condamnez , à la restitution de ce qu'ils ont
receu desdits Droits , suivant la Liquidation qui en seroit faite
par ladite Cour. Desquelles Conclusions le Suppliant s'est def-
fendu, par le Tarif desdits Droits qu'il a representé , dans lequel
sous les Lettres E. & V. les Eaux de Vie & les Vins sont employez.
Et parceque ledit Rayet prétendoit se servir de l'Arrest du trois
Decembre 1609. Le Suppliant a ajoûté que par plusieurs Arrests
du Conseil, les precedens Fermiers des Droits de la Patente de
Languedoc , avoient esté maintenus en la joüissance desdits Droits,
avec les Marchands dudit Païs de Quercy, le Fermier & les Marchands du Convoy & Comptablie de Bordeaux , singulierement
par les Arrests des trois Janvier 1661. treize Juillet suivant, & seize
Decembre 1662. Et de la Cour des Aydes de Montauban du vingt-
six Mars 1685. rendu entre ledit Rayet , & les Commis du Suppliant ; Par lequel suivant les Conclusions du Procureur General ,
les Parties sur les mêmes Contestations des Droits adjugez par ledit Arrest du mois de Decembre 1662. Il a esté Ordonné qu'elles
se pourvoiront devers le Roy , pour leur estre fait droit selon son
bon plaisir. Desquelles Pieces il resultoit que le Titre du Suppliant estoit fondé sur ledit Tarif , sur la possession , depuis la Re-
formation qui en a esté faite en execution de l'Edit donné à Be-
zieres au mois d'Octobre 1632. des Baux des precedens Fermiers,
& du sien , desdits Arrests Contradictoires , & singulierement celuy de ladite Cour , par lequel Elle avoit Ordonné que les Parties se pourvoiroient pardevers le Roy ; Et que par consequent elle ne pouvoit prendre Connoissance du même fait. Neantmoins
ledit Rayet ayant produit en ladite Cour , l'Extrait du Tarif du
dix-huit Septembre 1664. des Droits des Sorties & Entrées , sur
toutes les Denrées & Marchandises ; Ladite Cour sans faire re-
flexion sur ce qu'il n'estoit arresté que pour les Provinces de Normandie , Picardie , Champagne , Bourgogne , Bresse , Poitou,
Amiens, Berry, Bourbonnois , Anjou , le Mayne , Toüars , & Châ-
tellenie de Chantonceaux , & par consequent qu'il ne pouvoit avoir
son execution , ny pour la Patente de Languedoc , de laquelle il
s'agissoit en l'Instance , ny pour les autres Fermes de Sa Majesté ;
Et que d'ailleurs il estoit d'une datte anterieure à l'Arrest de ladi-

te Cour dudit jour vingt-fix Mars 1685. Par lequel fur le même fait, Elle auroit Ordonné que les Parties fe pourvoiroient au Confeil : Elle a par Arreft du cinq Septembre 1687. Ordonné qu'avant faire droit fur la Reftitution des Droits prétendus exigez par le Suppliant, qu'il remettroit au Greffe de la Cour, le Tarif jufte des Droits de la Foraine & de la Traite Domanialle, par Articles feparez, pour y avoir recours quand befoin fera ; Fait deffenfes de confondre lefdits Droits, à peine de Trois cens livres d'Amende, & de tous dépens, dommages & interefts : Et cependant par maniere de Provifion, que le Tarif arrefté au Confeil le dix-huit Septembre 1664. dont l'execution a efté Ordonnée par Arreft du douze Novembre 1664. & par Declaration du dix-huit Avril 1667. fera executé felon fa forme & teneur ; Ce faifant, que les Marchands, Voituriers & autres faifant Commerce, payeront aux Bureaux établis, Trois livres pour Barrique d'Eauë de Vie, & Quarante fols pour Tonneau de Vin, pour les Droits Forains ; Avec deffenfes au Suppliant & à fes Commis d'y contrevenir, à peine de Concuffion, ny d'exiger ledit Droit de la Traite Domanialle, pour les Vins & autres Denrées du Païs de Quercy & Roüergue, & autres de Guienne, compris en l'Arreft du Confeil du trois Decembre 1609. Par lequel ils en font déclarez exempts, conformement à leurs Privileges ; Avec injonction aux Commis du Suppliant, de Signer les Acquits qu'ils donneront defdits Droits, enfemble les Declarations que les Marchands font pour les livrer où ils portent les Marchandifes, fur mêmes peines, dépens réfervez en fin de Caufe, fauf le Rapport qui en fera payé par le Suppliant. Duquel Arreft il eft obligé de fe plaindre comme d'une Entreprife d'autant plus hardie, que ladite Cour des Aydes de Montauban l'a condamné elle-même, par fon Arreft du vingt-fix Mars 1685. en renvoyant les Parties à fe pourvoir au Confeil fur le même fait ; Car aprés avoir oüy les Parties en l'Audience, & jugé qu'elle ne pouvoit toucher au Tarif de ladite Ferme, ny aux Arrefts du Confeil des trois Janvier 1661. & treize Juillet fuivant, & feize Decembre 1662. On ne peut fe perfuader qu'elle ait efté furprife, par la Production qui a efté faite par ledit Rayet, de l'Extrait dudit Tarif du mois de Septembre 1664. puis qu'il eftoit du fait du Sieur Procureur General de ladite Cour, de refléchir qu'il ne pouvoit avoir lieu que pour les Provinces y mentionnées, ny eftre executé en aucunes autres des Fermes de Sa Majesté : Veu même que ladite Cour sçait qu'elle n'a pas Regiftré ledit Tarif; Qu'au contraire Elle a executé & execute encore celuy qui fut arrefté en 1632. pour la Patente, Foraine, Refve, & Haut-Paffage de la Province de Languedoc, duquel le reffort de ladite Cour fait partie; Qu'elle établit un Privilege en faveur de Quercy & du Roüergue, de la décharge des Droits de la Domanialle, fur l'unique fondement d'un Arreft du Confeil de l'année 1609. qui n'eft pas contraire audit Tarif, & lequel en tout cas ne pourroit fubfifter, au préjudice des Arrefts du Confeil rendus depuis; Qu'elle réduit les Droits fur chacun Tonneau de Vin à Soixante fols, au lieu que fuivant le Tarif de ladite Patente, ils feront de Quatre livres dix fols pour Tonneau; Et les Droits fur les Eauës de Vie à Trois livres, au lieu qu'ils doivent eftre de Cinq livres pour Barrique : Tellement que de quelque maniere que l'on confidere ledit Arreft, on ne peut exempter ladite Cour d'une Entreprife fans exemple, & le Procureur General d'avoir abandonné les interefts de Sa Majefté, d'une maniere qu'il ne peut deffendre, puis qu'un Tarif receu par ladite Cour, executé de temps immemorial, ny des Arrefts du Confeil aufquels il avoit déféré lors qu'il conclud pour ledit Fermier, en la Plaidoirie d'entre le Suppliant & ledit Rayet, fur lequel l'Arreft de ladite Cour du vingt-fix Mars a efté rendu, n'ont pû le perfuader qu'un Tarif fait pour d'autres Provinces que le Languedoc, & qui n'a efté envoyé ny Regiftré en ladite Cour, ne devoit pas prévaloir au Tarif Regiftré en icelle, aux Arrefts du Confeil, & à celuy qu'elle avoit donné fur fes Conclufions. A Ces Causes, Requeroit le Suppliant qu'il plût à Sa Majefté fur ce luy pourvoir ; Et fans avoir égard audit Arreft de ladite Cour des Aydes de Montauban du cinq Septembre 1687. ny à tout ce qui s'en eft enfuivi, Ordonner que le Tarif defdits Droits de la Patente de Languedoc, arrefté en execution des Lettres Patentes du douze Octobre 1633. & les Arrefts dudit Confeil des trois Janvier & treize Juillet 1661. & feize Decembre 1661. feront executez felon leur forme & teneur ; Ce faifant qu'il fera levé fur chacun Muid de Vin Jauge de Paris, la Somme de Trente fols, revenant à Quatre livres dix fols pour Tonneau ; & Cinq livres pour chaque Barrique d'Eauë de Vie, avec les Augmentations; Condamner ledit Rayet aux dépens, dommages & interefts du Suppliant, Interdire à ladite Cour la Connoiſſance du fait defdites Fermes, circonſtances & dépendances, & la renvoyer à ladite Cour des Aydes de Montpellier. VEU ladite Requeſte, Siģnée Cartier, Avocat audit Conſeil, avec les Pieces cy-devant mentionnées: Oüy le Rapport du Sieur Phelipeaux, Conſeiller du Roy en ſes Conſeils d'Eſtat & Privé, Intendant des Finances. LE ROY EN SON CONSEIL, ayant égard à ladite Requeſte, ſans s'arreſter à l'Arreſt de la Cour des Aydes de Montauban du cinq Septembre 1687. que Sa Majeſté a caſſé & annullée; A ORDONNE' & Ordonne, Que le Tarif des Droits de Traite-Foraine, arreſté au Conſeil le onze Octobre 1632. Regiſtré en la Cour des Aydes de Montpellier, en execution des Lettres Patentes du douze dudit mois, & les Arreſts du Conſeil des trois Janvier & treize Juillet 1661. & ſeize Decembre 1662. ſeront executez ſelon leur forme & teneur: Ce faiſant qu'il ſera payé par chacun Muid de Vin Sortant de l'étenduë de ladite Ferme, Trente ſols; Et pour chaque Barrique d'Eauë de Vie, Cinq livres. FAIT Sa Majeſté deffenſes à ladite Cour des Aydes de Montauban, de Contrevenir auſdits Tarifs & Arreſts; Et Ordonne que le preſent ſera Regiſtré au Greffe de la Cour, Leu, publié & affiché où beſoin ſera, & Executé nonobſtant Oppoſitions & empeſchemens quelconques, dont ſi aucuns interviennent, Sa Majeſté ſe reſerve la Connoiſſance & à ſon Conſeil, & icelle interdit à ſes autres Cours & Juges. FAIT au Conſeil d'Eſtat du Roy, tenu à Fontainebleau, le huitiéme jour de Novembre mil ſix cens quatrevingt-ſept. Signé, DE FREMONT.

ARREST

DU CONSEIL D'ESTAT DU ROY,
Du huitiéme Novembre 1687.

QUI Deffend au Fermier des Fermes Royales Unies, ses Procureurs & Commis, de faire aucune Composition des Droits portez par les Tarifs, sur les Draperies Etrangeres, Entrans dans le Royaume : Ordonne que les Ratines, Payeront sur le même pied que les Draps; Et que lesdites Draperies ne pourront Entrer, que par les Ports de Calais, & Saint Valery, à peine de Confiscation, &c.

Extrait des Registres du Conseil d'Estat.

LE ROY estant Informé, que pendant les dernieres années du Bail des Fermes-Unies, fait sous le nom de Maistre Jean Fauconnet, il est Entré quantité de Draps Etrangers en France, lesquels n'ont point Acquité les Droits portez par les Tarifs, soit par les Compositions qui ont esté faites aux Bureaux d'Entrées, par les Commis, soit parce que les pieces desdits Draps ont esté declarées d'une bien moindre consistance qu'elles n'estoient; Même que les Etrangers, pour préjudicier aux Manufactures du Royaume, se sont efforcez de les contrefaire, en fabriquant des Draps des mêmes qualitez & mesures : Et que plusieurs Etoffes comme les Ratines, qui doivent payer les mêmes Droits que les Draps, passent sans rien payer, ou du moins en payant des Droits beaucoup moindres qu'elles ne doivent. Et voulant remedier à tous ces abus : Oüy le Rapport du Sieur le Pelletier, Conseiller ordinaire au Conseil Royal, Contrôlleur General des Finances. SA MAJESTE' EN SON CONSEIL, A Fait trés expresses
inhibitions

inhibitions & deffenfes à Maiftre Pierre Domergue , Fermier General des Cinq groffes Fermes & autres Unies , fes Procureurs , Commis & Prépofez , de faire aucune Compofition des Droits portez par les Tarifs , fur les Draperies Etrangeres Entrant dansle Royaume ; A peine de Trois mil livres d'Amende pour chacune Contravention , applicable moitié au Dénonciateur , & l'autre moitié aux Hôpitaux des Lieux. O R D O N N E à cet effet que les Droits de toutes les Pieces de Draps Etrangers, qui feront amenez dans le Royaume, feront Acquitez fur le pied de trente aulnes chaque piece , fi mieux n'aime le Marchand, Voiturier ou Facteur qu'elles foient mefurées dans le Bureau, pour eftre les Droits payez fur le pied de leur jufte mefure. F A I T deffenfes audit Fermier, fes Procureurs & Commis, de laiffer Entrer aucuns Draps contrefaits, ou de largeur d'une aulne & d'une aulne demy-quart. O R D O N N E que les Ratines, Payeront & acquitteront les Droits fur le même pied que les Draps : E T pour obvier aux fraudes & abus qui fe font commis par le paffé , au fujet de l'Entrée & du Payement des Droits fur les Draperies Etrangeres ; O R D O N N E Sa Majefté, qu'elles ne pourront Entrer dans le Royaume, à commencer du premier Janvier prochain , que par les Ports de Calais & S. Vallery, A peine de Confifcation des Marchandifes, Vaiffeaux , Voitures, Chevaux, Equipages, & de Trois mille livres d'Amende ; Declarant tous autres Ports, Chemins, & Paffages, même la Ville de Sedan , Voyes obliques & prohibées. E N J O I N T Sa Majefté, aux Sieurs Intendans & Commiffaires Départis dans les Provinces , & Juges des Fermes, de tenir la main à l'execution du prefent Arreft. F A I T au Confeil d'Eftat du Roy, tenu à Fontainebleau , le huitiéme Novembre, mil fix cens quatre-vingt-fept. Signé , DE FREMONT.

ARREST
DU CONSEIL D'ESTAT DU ROY,

Du vingt-cinq Novembre 1687.

QUI ORDONNE, Que l'Acier, le Plomb, le Fer, & les Beures d'Angleterre & d'Irlande, qui Entreront en France, Payeront à l'Entrée du Royaume; SÇAVOIR, L'Acier, Six livres du Cent pesant. Le Plomb, Deux livres. Le Fer ouvré & non ouvré de toute sorte, Une livre dix sols. Et les Beures d'Angleterre & d'Irlande, Trois livres du Cent pesant, pour tous Droits.

Extrait des Registres du Conseil d'Estat.

LE ROY estant informé, que les Droits sur l'Acier, le Plomb, le Fer, & sur les Beures d'Angleterre & d'Irlande, Entrans dans le Royaume, se levent differemment dans les Bureaux des Fermes de Sa Majesté; Et voulant que lesdits Droits y soient perçûs également, sans s'arrester aux Tarifs du mois de Septembre 1664. & autres : Oüy le Rapport du Sieur le Peletier, Conseiller ordinaire au Conseil Royal, Contrôlleur General des

NOTA. *Par Arrest du 4. May 1688. cy-aprés ; Il est Ordonné que les Beures d'Angleterre & d'Irlande, Payeront à l'Entrée Six livres du Cent pesant.*

Par un autre Arrest dudit jour 4. May 1688. Il est Ordonné que les Fers Ouvrez ou non, venant des Provinces du Royaume reputées Estrangeres, ne payeront que les Droits ordinaires, sur le pied du Tarif de 1664.

Par un Arrest du 8. May 1688. cy-aprés, Il est Ordonné que les Beures & Cuirs payeront suivant le Tarif de 1667. & l'Arrest du 25. Novembre 1687.

Et par un Autre Arrest du 28. Octobre 1692. Il est Ordonné que tous les Beures des Païs Etrangers sans exception, payeront Six livres du Cent pesant.

Finances. SA MAJESTE' EN SON CONSEIL , A Ordonné & Ordonne , Qu'à commencer du quinziéme Decembre
prochain , l'Acier, le Plomb, le Fer, & les Beures d'Angleterre
& d'Irlande , qui Entreront en France , payeront à l'Entrée du
Royaume; Sçavoir, L'Acier, Six livres du Cent pefant; Le Plomb,
Quarante fols; Le Fer ouvré & non ouvré de toute forte, Trente
fols; & les Beures d'Angleterre & d'Irlande, Trois livres du Cent
pefant, pour tous Droits d'Entrée : Du Payement defquels Droits,
les Acquits feront reprefentez en paffant aux Bureaux des Fermes ;
A peine de Confifcation & de Mil livres d'Amende contre chacun Contrevenant, applicable moitié au Dénonciateur , & l'autre moitié aux Hôpitaux des Lieux. ENJOINT Sa Majefté à
Maiftre Pierre Domergue, Adjudicataire des Cinq groffes Fermes
& autres Unies, & à fes Commis, de l'percevoir lefdits Droits ; Et
aux Juges des Fermes de tenir la main à l'execution du prefent
Arreft, à peine d'en répondre en leurs propres & privez noms.
FAIT au Confeil d'Etat du Roy , tenu à Verfailles , le vingt-
cinquiéme jour de Novembre mil fix cens quatre-vingt-fept. Collationné , Signé , DE FREMONT.

ARREST

DU CONSEIL D'ESTAT DU ROY,

Du vingt-neuviéme Novembre 1687.

QUI ORDONNE, Que les Eaux de Vie qui Sortiront par Charante, Payeront Onze livres par Barique, au lieu de Seize livres dix sols dix deniers : Et celles qui Sortiront par Marans, Payeront Six livres, au lieu de Trois livres qu'ils Payent, pour aller aux Païs Etrangers.

Extrait des Regiſtres du Conſeil d'Eſtat.

LE ROY ayant envoyé des Commiſſaires de ſon Conſeil, dans les Provinces & Generalitez de l'étenduë des Fermes des Gabelles, Cinq groſſes Fermes, Aydes, & autres Droits; Sa Majeſté a reconnu par le Rapport qui luy a eſté fait des Procés Verbaux qu'ils ont dreſſé, de ce qu'ils ont remarqué de plus utile pour l'avantage & l'augmentation du Commerce, qu'il eſtoit entr'autres choſes neceſſaire de proportionner les Droits qui ſe levent ſur les Eaux de Vie, qui ſont tranſportées des Provinces de Poitou, Xaintonge, & Angoumois, dans les Païs Eſtrangers, par la Riviere de Charante & Bureau de Marans, eu égard à la diſtance & ſituation des Lieux dont les Eaux de Vie ſont enlevées, en ſorte que le Débit s'en puiſſe faire avec une égale facilité: A quoy Sa Majeſté voulant pourvoir; Oüy le Rapport du Sieur le Pelletier, Conſeiller ordinaire au Conſeil Royal, Contrôlleur General des Finances. SA MAJESTE' EN SON CONSEIL,

NOTA. *Cet Arreſt a eſté Confirmé, à l'égard du Payement des Six livres par Barique d'Eaüe de Vie, qui Sortira par Marans pour les Païs Eſtrangers, par Arreſt du 23. Novembre 1688. cy-après.*

A Ordonné & Ordonne, Que les Eaux de Vie qui Sortiront par Charante, Payeront, jusqu'à ce qu'il y ait esté autrement pourvû, Onze livres pour chacune Barique, au lieu de Seize livres dix sols dix deniers, qu'elles doivent pour les Droits de la Traite de Charante : Et celles qui Sortiront par Marans, Six livres aussi par Barique, au lieu de Trois livres qu'elles y payent, pour aller aux Païs Etrangers. F A I T Sa Majesté défenses à Maistre Pierre Domergue, Fermier General des Droits d'Entrée & Sortie, Traites de Charente, & autres Fermes-Unies, & à ses Commis, de faire payer plus grands Droits, à peine d'estre contraints à la Restitution, & en Cinq cens livres d'Amende ; Et aux Marchands & Voituriers desdites Eaux de Vie, d'en faire passer & Sortir aucunes, sans en avoir fait leur Declaration, & payé lesdits Droits aux Bureaux pour ce cy-devant établis, sur les peines portées par les Ordonnances, Baux, & Reglemens des Fermes desdits Droits. E N J O I N T Sa Majesté, aux Sieurs Commissaires départis dans les Provinces de Poitou, Aulnix, Xaintonge, & Angoumois, de tenir la main à l'execution du present Arrest, qui sera Lû, Publié, & Affiché par tout où besoin sera. F A I T au Conseil d'Estat du Roy, tenu à Versailles, le vingt-neuviéme jour de Novembre mil six cens quatre-vingt-sept. Collationné. Signé, D E FREMONT.

ARREST

DU CONSEIL D'ESTAT DU ROY;

Du vingtiéme Decembre 1687.

QUI ORDONNE, Que les Moluës vertes & feiches, de la Pefche des Etrangers, Payeront à l'Entrée du Royaume, tant par Mer que par Terre ; SÇAVOIR, La Moluë feiche & Merluë, le Cent en nombre, Quarante fols ; Et la Moluë verte, aussi le Cent en nombre Huit livres, pour tous Droits : Et que celles de la Pefche des François, Payeront feulement les Droits ordinaires.

Extrait des Regiftres du Conseil d'Eftat.

LE ROY ayant efté Informé, que le Commerce de fes Sujets, pour la Pefche & pour le Debit de la Moluë verte & feiche dans le Royaume, eft confiderablement diminué, parce que les plus grandes entreprifes pour cette Pefche, fe faifant par ceux de Bayonne, Bordeaux, Xaintonge, la Rochelle, Poitou & de Normandie, ils font non feulement fujets aux Droits à l'Entrée dans les Ports, mais encore à ceux qui font dûs pour le tranfport defdites Provinces, dans les autres du Royaume : Au lieu que les Etrangers apportent la Moluë de leur Pefche en Bretagne, à Dunquerque, à Marfeille, & autres Provinces & Lieux

NOTA. *Par un Arreft du 16. Mars 1688. cy-aprés, Il eft Ordonné que les Moluës vertes & feiches qui feront apportées des Pais Etrangers, és Provinces de Luxembourg, &c. ne payeront à l'Entrée d'icelles, que les Droits ordinaires qui fe payoient auparavant.*

Et par un autre Arreft du 4. Oftobre 1691. cy-aprés, les Droits fur les Moluës & autres Poiffons ont efté Augmentez.

de Franchiſes, où ne payant aucuns Droits , ils y vendent la Moluë de leur Peſche par préference aux François ; A quoy Sa Majeſté voulant pourvoir, & Regler les Droits à l'Entrée , ſur la Moluë de la Peſche des Etrangers : Oüy le Rapport du Sieur le Pelletier , Conſeiller ordinaire au Conſeil Royal , Contrôlleur General des Finances. LE ROY EN SON CONSEIL, A Ordonné & Ordonne , Qu'à commencer du premier Janvier prochain , les Moluës vertes & ſeiches, de la Peſche des Etrangers, qui Entreront en France, payeront à l'Entrée du Royaume, tant par Mer que par Terre, même par la Bretagne , & par les Ports de Marſeille & Dunquerque ; SÇAVOIR , la Moluë ſeiche & Merluë, le Cent en nombre, Quarante ſols ; & la Moluë verte , auſſi le Cent en nombre, Huit livres , pour tous Droits d'Entrée. Et que les Moluës vertes & ſeiches de la Peſche des François, payeront ſeulement les Droits ordinaires & accoûtumez. ENJOINT Sa Majeſté, à Maiſtre Pierre Domergue , Adjudicataire des Cinq groſſes Fermes , ſes Procureurs & Commis , de Percevoir leſdits Droits ſans en faire aucune Compoſition ny remiſe ; Et aux Juges des Fermes de tenir la main à l'execution du preſent Arreſt, à peine d'en répondre en leurs propres & privez noms. FAIT au Conſeil d'Eſtat du Roy, tenu à Verſailles , le vingtiéme jour de Decembre mil ſix cens quatre-vingt-ſept. Collationné, Signé, DE FREMONT.

ARREST

DU CONSEIL D'ESTAT DU ROY,

Du vingtiéme Decembre 1687.

QUI Ordonne & Regle les Droits qui feront Levez & perçûs à l'Entrée du Royaume, fur plufieurs Eftoffes d'Angleterre & façon d'Angleterre, exprimées dans ledit Arreft : Et Fait Deffenfes au Fermier & fes Commis, de faire aucune Compofition & Remife d'iceux, &c.

Extrait des Regiftres du Confeil d'Eftat.

LE ROY s'eftant fait reprefenter, le Tarif arrefté en fon Confeil, le dix-huit Septembre 1664. Et fa Declaration du dix-huit Avril 1667. Portant Reglement des Droits qui feront Levez fur les Marchandifes mentionnées en iceux ; Et Sa Majefté voulant les augmenter fur aucunes defdites Marchandifes : Oüy le Rapport du Sieur le Pelletier, Confeiller ordinaire au Confeil Royal, Contrôlleur General des Finances. SA MAJESTE' EN SON CONSEIL, A Ordonné & Ordonne, Qu'à commencer du premier Janvier de l'année prochaine 1688. Il fera Levé & perçû par Maiftre Pierre Domergue, Fermier General des Cinq groffes Fermes & autres Unies, fes Procureurs & Commis, pour tous Droits, fur les Eftoffes d'Angleterre & façon d'Angleterre cy-aprés exprimez ; Sçavoir, Vingt livres, pour chaque piece de Bayette de vingt-cinq aunes, qui Entrera dans le Royaume ; Soixante livres, pour chaque piece de Bayette double ; Seize livres, pour chaque piece de Burail croifé de vingt-cinq aunes ;

NOTA. *Par l'Arreft du 3. Juillet 1692. Il eft ordonné que les Droits portez par le prefent, feront levez fans exception : Et que les Draps & Eftoffes de Poil & de Fil ou mélées d'autres matieres, ne pourront Entrer que par les Ports de Calais & de S. Valery, en payant 30. pour Cent de leur valeur.*

Vingt

Vingt livres, pour la piece de neuf à dix aunes de Draps demis, du païs d'Angleterre appellez douzaine, de la valeur de Huit livres l'aune & au deſſous : Et à l'égard des Draps au deſſus dudit prix, & Ratines, les Droits feront payez fuivant le Tarif du dix-huitiéme Avril 1667. & l'Arreſt dudit Conſeil du huitiéme Novembre dernier ; Quarante-huit livres, pour la piece de Friſe blanche, appellée de Cotton, qui ſe vend à la gode, le cent de gode faiſant cent vingt aunes ; Six livres, pour la piece de treize aunes de Frize ; Vingt-quatre livres, pour la piece de vingt-cinq aunes de Moleton & Peniſtons doubles ou doubles vezeau, friſez ou unis ; Vingt-quatre livres, pour la piece de vingt aunes de Serge de Londre, & autres ſemblables Serges d'Angleterre ; Trente livres, pour la piece de treize aunes juſqu'à quinze de la Serge drapée ; & Huit livres, pour la piece de vingt-cinq aunes de Serge d'Ecoſſe demie étroite, blanche ou teinte, neuve ou vieille appellée Plaindin ; Trois livres, pour la piece de ſept à neuf aunes de Ferlin ; Six livres, pour la piece de vingt aunes de Lingette ; & Douze livres, pour la piece de Camelot de vingt aunes. Enjoint Sa Majeſté aux Marchands & tous autres, qui feront Entrer les Eſtoffes cy-deſſus exprimées, de les déclarer ſur leurs veritables noms, à peine de Confiſcation, & de Trois mil livres d'Amende : Et à l'égard des Eſtoffes de Laine d'autre qualité que celles cy-deſſus, leſquelles feront pareillement apportées d'Angleterre ; les Droits en feront Levez à raiſon de Trente pour Cent de la valeur, ſuivant l'eſtimation qui en ſera faite. Fait deffenſes audit Domergue, ſes Procureurs, Commis & Prépoſez, de faire aucune Compoſition & remiſe deſdits Droits, à peine de Trois mil livres d'Amende pour chacune Contravention, applicable moitié au Dénonciateur, & l'autre moitié aux Hôpitaux des Lieux. Fait au Conſeil d'Eſtat du Roy, tenu à Verſailles, le vingtiéme jour de Decembre mil ſix cens quatre-vingt-ſept. Collationné, Signé, DE FREMONT.

ARREST

DU CONSEIL D'ESTAT DU ROY,

Du treiziéme Janvier 1688.

QUI ORDONNE , Que les Droits d'Entrée qui se
Levent sur les Savons , apportez des Païs Estrangers ,
en la Province de Luxembourg , seront payez à raison
de Cinquante sols pour Cent de Savon blanc ; Et de
Six livres pour chaque Tonne de Savon noir , du Poids
de Deux cens quarante livres.

Extrait des Registres du Conseil d'Estat.

LE ROY voulant favoriser la Manufacture des Savons, que
Sa Majesté a resolu d'établir en la Province de Luxembourg,
& desirant de faciliter le Debit des Savons qui s'y façonneront :
Oüy le Rapport du Sieur le Pelletier , Conseiller ordinaire au
Conseil Royal, Contrôlleur General des Finances. SA MAJESTE'
EN SON CONSEIL, A Ordonné & Ordonne, que les Droits
d'Entrée qui se Levent sur les Savons blancs, noirs & verds, qui
sont apportez des Païs Etrangers, en Luxembourg, seront payez
à l'avenir, à raison de Cinquante sols pour Cent de Savon blanc ;
Et de Six livres pour chaque Tonne de Savon noir, du Poids de
Deux cens quarante livres. FAIT Sa Majesté deffenses à Maistre
Pierre Domergue, ses Procureurs & Commis de faire aucune Remise ny Diminution desdits Droits , à peine d'en répondre en
leur propre & privé nom : Et enjoint au Sieur Charuel, Conseiller
en ses Conseils , Intendant de Justice , Police & Finances en la
Generalité de Mets & Païs de Luxembourg , de tenir la main à
l'execution du present Arrest. FAIT au Conseil d'Estat du Roy,
tenu à Versailles, le treizième jour de Janvier mil six cens quatre-
vingt-huit. Collationné. Signé, ROUILLET.

ARREST

DU CONSEIL D'ESTAT DU ROY,

Du troisiéme Février 1688.

QUI ORDONNE, Qu'il sera levé Trente sols, sur chacun Mouton ou Brebis vifs ou tuez, venant des Païs Estrangers dans le Royaume : Et que les Moutons & Brebis, & autres Bestiaux, venant des Provinces de Guyenne, Languedoc, Auvergne, Limousin, la Marche, Poitou, & Bretagne, Joüiront de l'Exemption desdits Droits, suivant l'Arrest du deuxiéme Septembre 1669.

Extrait des Registres du Conseil d'Estat.

LE ROY s'étant fait representer en son Conseil, l'Arrest rendu en iceluy le vingt-deux Juillet 1684. Par lequel Sa Majesté auroit, en consideration de la mortalité des Bestiaux, arrivée pendant l'Hyver commencé à la fin de l'année 1683. Reduit les Droits d'Entrée du Royaume, pour chacun Mouton ou Brebis venans des Païs Estrangers, à Cinq sols, au lieu de Trente sols porté par l'Arrest du Conseil, du deux Septembre 1669. & ce pour le reste de ladite année 1684. & les deux suivantes 1685. & 1686. Et Sa Majesté estant informée, qu'encore que cette Reduction ne deust avoir lieu que jusqu'au premier Janvier 1687. Neanmoins ses Fermiers, auroient eu la facilité d'en souffrir la continuation pendant l'année 1687. ou de faire des Compositions desdits Droits ; Ce qui empeche le Debit des Bestiaux qui sont dans le Royaume : A quoy estant necessaire de pourvoir. VEU ledit Arrest du Conseil du deux Septembre 1669. Portant Reglement pour les Droits

NOTA. Les Moutons ou Brebis de Catalogne, qui viendront paistre dans les Montagnes de Roussillon & de la Cerdaigne, sont Exempts desdits Droits de 30. Sols par Arrest du 11. May 1688. cy-aprés.

D ij

d'Entrée fur les Beftiaux venant des Païs Eftrangers. Autre Arreft des mêmes jour & an, Qui Décharge defdits Droits d'Entrée, les Beftiaux venans des Provinces du Royaume, où les Aydes n'ont point cours : Et Oüy le Rapport du Sieur le Pelletier, Confeiller ordinaire au Confeil Royal, Contrôlleur General des Finances. SA MAJESTE' EN SON CONSEIL, A ORDONNE' & Ordonne, Que lefdits Arrefts du Confeil, du deux Septembre 1669. feront executez felon leur forme & teneur; En confequence, qu'au lieu de Cinq fols qui fe levent pour tous Droits d'Entrée, fuivant l'Arreft du Confeil, du vingt-deux Juillet 1684. fur chacun Mouton ou Brebis venans des Païs Eftrangers, dans le Royaume; Il fera Levé à l'avenir, à commencer du quinze du prefent mois de Février, Trente fols pour chacun Mouton ou Brebis vifs ou tuez, venans defdits Païs Eftrangers. ENJOINT Sa Majefté à Maiftre Pierre Domergue, Adjudicataire des Cinq groffes Fermes, fes Procureurs & Commis, de Percevoir lefdits Droits, fans en faire aucune Compofition ny remife; Et aux Juges des Fermes, de tenir la main à l'execution du prefent Arreft, à peine d'en répondre en leurs propres & privez noms : Sans que ledit Domergue, fes Procureurs & Commis, puiffe prétendre de lever lefdits Droits, fur les Moutons & Brebis, & autres Beftiaux venans des Provinces de Guyenne, Languedoc, Auvergne, Limofin, la Marche, Poiétou, & Bretagne; Lefquelles joüiront de l'Exemption defdits Droits, fuivant & conformément audit Arreft du Confeil, du deuxiéme Septembre 1669. Et fera le prefent Arreft Publié & affiché, par tout où befoin fera. FAIT au Confeil d'Etat du Roy, tenu à Verfailles, le troifiéme jour de Février mil fix cens quatre-vingt-huit. Collationné. Signé, F. ROUILLET.

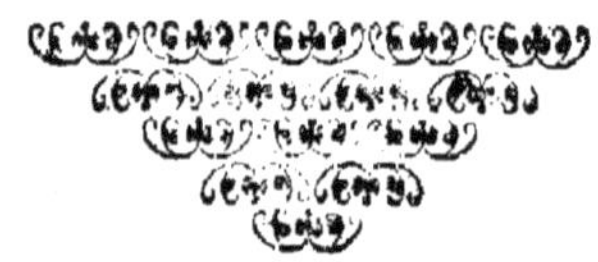

ARREST

DU CONSEIL D'ESTAT DU ROY,

Du troisiéme Février 1688.

QUI ORDONNE, Que les Cires blanches des Païs Eſtrangers, Payeront à l'Entrée du Royaume, Vingt livres du Cent peſant : Et qui Exempte les Cires blanchies en France, de tous Droits de Sorties.

Extrait des Regiſtres du Conſeil d'Eſtat.

LE ROY voulant favoriſer les Blancheries & Rafineries des Cires blanches, eſtablies dans le Royaume, meſme contribuer à leur Augmentation : Oü y le Rapport du Sieur le Pelletier, Conſeiller ordinaire au Conſeil Royal, Contrôlleur General des Finances. SA MAJESTE' EN SON CONSEIL, A Ordonné & Ordonne, Qu'à commencer du quinziéme du preſent mois de Février, les Cires blanches des Païs Eſtrangers, Entrant en France, payeront à l'Entrée du Royaume, la Somme de Vingt livres du Cent peſant. FAIT Sa Majeſté deffenſes à Maiſtre Pierre Domergue, Adjudicataire des Cinq groſſes Fermes, ſes Procureurs & Commis, de faire aucune Compoſition ny remiſe deſdits Droits, à peine d'en répondre en leurs propres & privez noms. ORDONNE en outre que les Droits d'Entrée qui auront eſté payez, pour les Cires jaunes brutes, apportées des Païs Eſtrangers, pour être blanchies dans les Rafineries du Royaume, ſeront rendus & reſtituez par ledit Domergue, ſes Procureurs & Commis, à la Sortie des meſmes Cires, aprés qu'elles auront eſté blanchies, aux Marchands & Negocians qui les auront fait venir, en repreſentant par eux les Acquits du payement deſdits Droits: Meſme que leſdites Cires blanchies, ſeront exemptes de tous Droits de Sortie. Et à l'égard des Cires blanches qui Sortiront de Roüen, pour eftre tranfportées par Mer dans les Païs Eftrangers , O R. DONNE Sa Majefté, Que les Marchands & Negocians ne pour. ront toucher la reftitution des Droits par eux payez pour l'Entrée d'icelles, qu'au Bureau du Havre , aprés que les Commis auront veu charger lefdites Cires, fur les Vaiffeaux. ENJOINT Sa Majefté aux Sieurs Intendans, Commiffaires départis dans les Provinces & Generalitez du Royaume ; & aux Juges des Fermes, de tenir la main à l'execution du prefent Arreft, qui fera Leû , publié & affiché par tout où befoin fera. FAIT au Confeil d'Eftat du Roy, tenu à Verfailles, le troifiéme jour de Février mil fix cens quatre-vingt-huit. Collationné. Signé, F. ROUILLET.

ARREST

DU CONSEIL D'ESTAT DU ROY,

Du feiziéme Mars 1688.

QUI ORDONNE, Qu'il fera payé Vingt livres du Cent pefant pour les Laines de toutes efpeces, Sortant du Royaume par les Provinces de Champagne, Bourgogne, Breffe , Lionnois, & le Comté de Bourgogne, pour aller aux Païs Etrangers.

Extrait des Regiftres du Confeil d'Eftat.

LE ROY s'eftant fait reprefenter en fon Confeil, le Tarif arrefté en iceluy le dix-huit Septembre 1664. pour la Perception des Droits fur les Marchandifes & Denrées Sortant du Royaume ; Portant que les Droits de Sortie qui feront payez fur les diverfes efpeces de Laines : Et Sa Majefté étant Informée, qu'il fort une grande quantité de Laines du Royaume, par les Provinces de Champagne, Bourgogne, Breffe , Lionnois, & mefme par le Comté de Bourgogne, pour paffer aux Païs Eftrangers ; Ce qui pourroit préjudicier aux Manufactures de Draperies établies dans le Royaume; A quoy estant necessaire de pourvoir : O ü y le Rapport du Sieur le Pelletier, Conseiller ordinaire au Conseil Royal, Contrôlleur General des Finances. SA MAJESTE' EN SON CONSEIL, A Ordonné & Ordonne, Qu'à commencer au premier Avril prochain, il sera payé pour les Laines de toutes especes, Sortant du Royaume par les Provinces de Champagne, Bourgogne, Bresse, Lionnois, & le Comté de Bourgogné, pour aller aux Païs Estrangers, la somme de Vingt livres du Cent pesant, au lieu des Droits portez par ledit Tarif du dix_huit Septembre 1664. Fait Sa Majesté deffenses à Maistre Pierre Domergue, Fermier General des Cinq grosses Fermes & autres Unies, ses Procureurs & Commis, de faire aucune Composition ny remise desdits Droits, à peine d'en répondre en leurs propres & privez noms. Enjoint aux Sieurs Intendans & Commissaires Départis esdites Provinces & Generalitez, de tenir la main à l'execution du present Arrest; Lequel sera Publié & affiché par tout où besoin sera. Fait au Conseil d'Estat du Roy, tenu à Versailles, le seiziéme jour de Mars mil six cens quatre-vingt-huit. Collationné. Signé, F. ROUILLET.

ARREST

DU CONSEIL D'ESTAT DU ROY,

Du quatorziéme Avril 1688.

QUI ORDONNE, Qu'il fera levé Douze livres pour tous Droits d'Entrée, fur chaque Bœuf gras ou maigre venant des Païs Etrangers : Sans que lefdits Droits puiffent eftre levez, fur les Bœufs & autres Beftiaux venans des Provinces de Guyenne , Languedoc , Auvergne , Limofin , la Marche , Poitou & Bretagne ; Lefquels joüiront de l'Exemption defdits Droits , &c.

Extrait des Regiſtres du Confeil d'Eſtat.

LE ROY voulant Regler les Droits qui font levez à l'Entrée du Royaume, fur les Bœufs venans des Païs Eftrangers. VEU le Tarif du dix-huit Septembre 1664. Enfemble l'Arreft du Confeil du deux Septembre 1669. Portant Augmentation des Droits d'Entrée du Royaume , fur les Bœufs & autres Beftiaux venans des Païs Eftrangers : Et Oüy le Rapport du Sieur le Pelletier, Confeiller ordinaire au Confeil Royal , Contrôlleur General des Finances. SA MAJESTE' EN SON CONSEIL , A Ordonné & Ordonne, Qu'il fera levé à l'avenir, la Somme de Douze livres, pour tous Droits d'Entrée, fur chaque Bœuf gras ou maigre venant des Païs Eftrangers, & ce à commencer du quinze May prochain. ENJOINT Sa Majefté à Maître Pierre Domergue, Adjudicataire des Cinq groffes Fermes, fes Procureurs, & Commis, de Perçevoir lefdits Droits, fans en faire aucune compofition ; Et aux Juges des Fermes, de tenir la main à l'execution

NOTA. *Par Arreſts des* 14. *Aouſt,* & 23. *Novembre* 1688. *cy aprés,* Il *eſt Ordonné que les Bœufs* & *Vaches venans de la Flandres Eſpagnolle, dans la Flandres Françoiſe, payeront le meſme Droit.*

du

du prefent Arreft, à peine d'en répondre en leurs propres & privez noms ; Sans que ledit Domergue, fes Procureurs & Commis puiffent prétendre de lever lefdits Droits, fur les Bœufs &
autres Beftiaux venans des Provinces de Guyenne, Languedoc,
Auvergne, Limofin , la Marche , Poitou & Bretagne, lefquelles
joüiront de l'Exemption defdits Droits, fuivant & conformément
audit Arreft du Confeil du deuxiéme Septembre 1669. Et fera le
prefent Arreft, Publié & affiché par tout où befoin fera. FAIT au
Confeil d'Eftat du Roy, tenu à Verfailles, le quatorziéme jour
d'Avril mil fix cens quatre-vingt-huit. Signé, COQUILLE.

ARREST

DU CONSEIL D'ESTAT DU ROY,

Du premier May 1688.

QUI Regle les Droits qui feront Payez pour l'Entrée
des Toilles, en Flandres , Sçavoir , Pour celles qui
feront reputées Groffes , Vingt-cinq fols ; Pour les
Communes , Trois livres ; Et pour les Fines , Dix
livres , du Cent pefant : Lefquels Prix feront Reglez
fur les Factures, &c.

Extrait des Regiftres du Confeil d'Eftat.

LE ROY s'eftant fait reprefenter en fon Confeil, le Tarif
des Droits d'Entrée & de Sortie de Flandres, arrefté au Confeil le 13. Juin 1671. Suivant lequel les Toilles fines d'Hollande &
autres lieux, doivent payer pour Droit d'Entrée, Dix livres du
Cent pefant ; les Toilles communes Trois livres, & les Toiles griffes

NOTA. *Il y a un Arreft du 22. Mars 1692. cy-aprés , Qui Regle les Droits
d'Entrée des Toilles des Pais Eftrangers , &c.*

E

de Menage, Une livre Cinq fols. Et Sa Majefté voulant faire ceffer les Contestations qui arrivent tous les jours, entre les Commis des Bureaux eftablis dans les Villes & Lieux des Païs par
Elle conquis, ou qui luy ont efté Cedez en Flandres & Haynault,
& les Marchands, au fujet des Toilles, que lefdits Marchands
declarent pour communes, que les Commis foûtiennent eftre fines. VEU l'Avis du Sieur Dugué de Bagnols, Confeiller d'Eftat,
Intendant de Juftice, Police & Finances en Flandres & Haynault:
Et Oüy le Rapport du Sieur le Pelletier, Confeiller ordinaire au
Confeil Royal, Contrôlleur General des Finances. SA MAJESTE'
EN SON CONSEIL, fuivant & conformément à l'Avis dudit Sieur Dugué de Bagnols, A ORDONNE' & Ordonne, Que
les Toilles du prix de Vingt fols, aulne & argent de France, feront
reputées groffes, & payeront fur ce pied pour tous Droits d'Entrée
en Flandres, Une livre cinq fols du cent pefant; Que celles du prix
de Quarante fols, feront reputées Communes, & payeront les Droits
d'Entrée de Flandres, fur le pied de Trois livres du Cent pefant;
Et que toutes les autres dont le prix excedera Quarante fols l'aulne,
& argent de France, feront cenfées fines, & acquitteront les Droits
d'Entrées à raifon de Dix livres du Cent pefant: Lefquels prix feront Reglez fur les Factures que les Marchands en reprefenteront;
Et en cas de fufpicion de fraude, Permet Sa Majefté à Maiftre
Pierre Domergue, Fermier General des Cinq groffes Fermes, &
autres Unies, fes Procureurs, Commis & Prépofez, de prendre lefdites Toilles, en payant feulement au Marchand, Deux fols par
aulne plus que le prix porté par la Facture. ENJOINT Sa Majefté audit Sieur Dugué de Bagnols, de tenir la main à l'execution du prefent Arreft. FAIT au Confeil d'Eftat du Roy, tenu
à Verfailles, le premier jour de May mil fix cens quatre-vingt-huit.
Collationné. Signé, COQUILLE.

ARREST

DU CONSEIL D'ESTAT DU ROY,

Du quatriéme May 1688.

QUI ORDONNE, Que les Beurres d'Angleterre &
d'Irlande, qui feront apportez dans le Royaume,
payeront pour tous Droits d'Entrée, Six livres du Cent
pefant.

Extrait des Regiftres du Confeil d'Eftat.

LE ROY s'eftant fait reprefenter en fon Confeil, le Tarif
arrefté en iceluy le dix-huit Septembre 1664. Concernant les
Droits qui doivent eftre levez à l'Entrée du Royaume, fur les
Beures venans des Païs Etrangers : Comme auffi l'Arreft dudit
Confeil du vingt-cinq Novembre 1687. Par lequel Sa Majefté a
entr'autres chofes Ordonné, que les Beurres d'Angleterre & d'Irlande, qui Entreront en France, payeront à l'Entrée du Royaume,
Trois livres du Cent pefant, pour tous Droits d'Entrée. Et Sa Majefté voulant augmenter lefdits Droits, pour faciliter la Confommation des Beurres du Crû du Royaume : Oüy le Rapport du Sieur le
Pelletier, Confeiller ordinaire au Confeil Royal, Contrôlleur General des Finances. SA MAJESTE EN SON CONSEIL, A
ORDONNE' & Ordonne, Qu'à commencer du quinziéme du prefent mois, les Beurres d'Angleterre & d'Irlande, qui feront apportez
dans le Royaume, payeront pous tous Droits d'Entrée, Six livres du
cent pefant. ENJOINT à Maiftre Pierre Domergue, Adjudicataire General des Cinq groffes Fermes & autres Fermes Unies, &
à fes Commis, de Percevoir ledit Droit en entier, fans en faire aucune Compofition ny remife; Et aux Juges defdites Fermes, de
tenir la main à l'execution du prefent Arreft, à peine d'en répondre en leurs propres & privez noms. FAIT au Confeil d'Eftat du
Roy, tenu à Verfailles, le quatriéme jour de May mil fix cens quatre-vingt-huit. Signé, COQUILLE.

E ij

ARREST

DU CONSEIL D'ESTAT DU ROY,

Du dix-huit May 1688.

QUI ORDONNE l'Execution d'une Sentence du Juge &
Maiſtre des Ports de la Rochelle, renduë contre les
Habitans de Marennes le vingt-quatre Février 1688. Et
Ordonne que les Droits d'Entrée ſur les Beures & Cuirs,
ſeront payez conformément au Tarif du dix-huit
Avril 1667. & à l'Arreſt du vingt-cinq Novembre 1687.

Extrait des Regiſtres du Conſeil d'Eſtat.

SUR la Requeſte preſentée au Roy en ſon Conſeil, par Maiſtre
Pierre Domergue, Fermier General des Cinq groſſes Fermes;
CONTENANT, Que par Arreſt du Conſeil, du vingt-cinq Novembre 1687. Sa Majeſté auroit Ordonné qu'à l'Entrée du Royaume, il ſeroit payé; Sçavoir, Pour l'Acier, Six livres du Cent peſant; Le Plomb, Quarante ſols; Le Fer ouvré & non ouvré,
Trente ſols; Et les Beures d'Angleterre & d'Irlande, Trois livres
du Cent peſant, pour tous Droits d'Entrée: Avec Injonction au
Suppliant de perçevoir leſdits Droits; Et aux Juges des Fermes
d'y tenir la main. En execution duquel, les Commis du Suppliant
ayant voulu perçevoir leſdits Droits ſur des Beures, & ſur Cent
ſoixante Cuirs venus d'Angleterre & Irlande, appartenans à Iſaac
de Mailly, Pierre Poulet, Pierre Chambreau, Elizabeth Drie,
Veuve Yſac Chambreau, & les nommez Robert & Gubien, &
autres Habitans de Marennes, iceux de Milly & Conſorts ſe ſeroient
deffendus, & auroient fait intervenir les Manans & Habitans de
Marennes & autres du Gouvernement de Broüage, Pardevant le
Maiſtre des Ports de la Rochelle, & prétendu que Marennes eſtoit
un Païs Abonné de Xaintonge, où il n'eſtoit point deû de Droits

pour les Marchandifes qui y eſtoient portées par Mer. Surquoy fans avoir égard à ladite prétention, ledit Maiſtre des Ports par fa Sentence du vingt-quatre Février 1688. les auroit condamnez à payer les Droits d'Entrées pour leſdits Beures, fuivant ledit Arreſt du vingt-cinq Novembre 1687. Et pour les Cuirs, fuivant le Tarif de 1667. De laquelle Sentence ils ont interjetté Appel, & donné Requeſte à la Cour des Aydes, par laquelle ils ont demandé des deffenfes d'executer ladite Sentence. Et comme Sa Majeſté s'eſt expliquée fuffiſamment par ledit Arreſt du Conſeil, l'execution duquel leſdits Habitans veulent éluder, par l'Appel qu'ils ont interjetté de ladite Sentence, Requeroit qu'il pleuſt à Sa Majeſté de luy vouloir fur ce pourvoir. VEU ladite Requeſte. Ladite Sentence du Maiſtre des Ports de la Rochelle, du vingt-quatre Février 1688. l'Acte d'Appel interjetté d'icelle, du neuf Mars 1688. Ledit Arreſt du Conſeil du vingt-cinq Novembre 1687. Oüy le Rapport du Sieur le Pelletier, Conſeiller ordinaire au Conſeil Royal, Contrôlleur General des Finances. LE ROY EN SON CONSEIL, fans s'arreſter à l'Appel interjetté de ladite Sentence du vingt-quatre Février dernier, A Ordonné & Ordonne, Qu'elle fera executée felon fa forme & teneur ; En confequence, que les Droits d'Entrée deſdits Beures & Cuirs, feront payez fuivant & conformément au Tarif du mois d'Avril 1667. Et à l'Arreſt du Conſeil du vingt-cinq Novembre 1687. Ce faifant Sa Majeſté a Déchargé & Décharge ledit Suppliant de l'Affignation à luy donnée en ladite Cour des Aydes, & de tout ce qui s'en eſt enfuivi. FAIT deffenfes d'y faire aucunes Pourfuites pour raifon de ce, à peine de nullité, caffation de Procedures, & de tous dépens, dommages & intereſts. FAIT au Conſeil d'Eſtat du Roy, tenu à Verfailles, le dix-huitiéme jour de May mil fix cens quatre-vingt-huit. Collationné. Signé, COQUILLE.

ARREST

DU CONSEIL D'ESTAT DU ROY,

Du vingt-neuviéme May 1688.

QUI ORDONNE, Que les Verres de toutes fortes, qui Entreront en France, payeront à l'Entrée du Royaume ; Sçavoir le Verre caſſé, comme Groiſil, Vingt ſols par Baril ; Le Verre en Table pour Vitres, la Charetée de quatre Panniers, Douze livres ; Les Verres, Taſſes, Couppes & Baſſins de Criſtalin de Veniſe & d'ailleurs, Trente livres du Cent peſant ; Et les Verres à boire, excepté ceux de Veniſe, Dix livres du Cent peſant.

Extrait des Regiſtres du Conſeil d'Eſtat.

LE ROY s'eſtant fait repreſenter en ſon Conſeil, le Tarif arreſté en iceluy le dix-huit Septembre 1664. touchant les Droits d'Entrée & de Sortie du Royaume, ſur les Verres de toutes ſortes ; Et Sa Majeſté voulant Augmenter leſdits Droits ſur les Verres Etrangers, pour faciliter le Debit de ceux des Manufactures du Royaume : Oüy le Rapport du Sieur le Pelletier, Conſeiller ordinaire au Conſeil Royal, Contrôlleur General des Finances. SA MAJESTE' EN SON CONSEIL A Ordonné & Ordonne, Qu'à commencer au quinziéme Juin prochain, les Verres de toutes ſortes qui Entreront en France, payeront à l'Entrée du Royaume ; Sçavoir, Le Verre caſſé, comme Groiſil, Vingt ſols

NOTA. *Par Arreſt du* 14. *Aouſt* 1688. *En Interpretation de celuy-cy, il eſt Ordonné qu'il ſera payé* 10. *livres pour chaque Cent peſant de Bouteilles doubles & ſimples.*

Et par Arreſt du 3. *Janvier* 1690. *cy-aprés, Les Criſtaux venans des Païs Etrangers, payeront à l'Entrée* 400. *livres du Cent peſant.*

par Baril ; Le Verre en Table pour Vitres, la Charetée de quatre Panniers, Douze livres ; Les Verres, Taffes, Couppes & Baffins de Criftalin de Venife & d'ailleurs, Trente livres du cent pefant ; Et les Verres à Boire, excepté ceux de Venife, Dix livres du Cent pefant. ENJOINT Sa Majefté, à Maiftre Pierre Domergue, Adjudicataire des Cinq groffes Fermes & autres Fermes-Unies, & à fes Commis, de perçevoir lefdits Droits entierement, fans en faire aucune compofition ny remife, & aux Juges des Fermes de tenir la main à l'execution du prefent Arreft, à peine d'en répondre en leurs propres & privez noms. FAIT au Confeil d'Eftat du Roy, tenu pour fes Finances à Verfailles, le vingt-neuviéme jour de May mil fix cens quatre-vingt-huit. Collationné. Signé, COQUILLE.

ARREST

DU CONSEIL D'ESTAT DU ROY,

Du quinziéme Juin 1688.

QUI ORDONNE, Que les Bas, qui feront apportez dans le Royaume, foit qu'ils foient Declarez pour le Compte des Marchands de la Ville de Lyon ou autrement, Acquiteront en entier, les Droits d'Entrée portez par le Tarif du dix-huit Avril 1667. Et en confequence feront Déchargez de ceux de la Doüanne de Lyon.

Extrait des Regiftres du Confeil d'Eftat.

SUR ce qui a efté reprefenté au Roy, eftant en fon Confeil, que les Bas de Soye & de Laine d'Angleterre, qui font declarez à l'Entrée du Royaume pour la Ville de Lyon, & pour le Compte des Marchands & Habitans d'icelle, ne payent que la moitié des Droits portez par le Tarif du dix-huit Avril 1667. Et que ceux de la Doüane de Lyon, & les autres Droits qui fe payent à l'Entrée de ladite Ville, font fort au deffous de l'autre moitié defdits

Droits du Tarif de 1667. dont les Marchands & Habitans de la-dite Ville de Lyon font Exempts, fuivant l'Arreft du Confeil du vingt-fept Octobre 1667. D'où il arrive que ces Bas eftans enfuite portez dans les Provinces de Dauphiné, Provence & Languedoc, ils s'y vendent à meilleur prix que ceux des autres Provinces du Royaume ; Ce qui fait un grand préjudice au Commerce defdites Provinces : A quoy eftant neceffaire de pourvoir ; Et voulant Sa Majefté rendre la Levée defdits Droits uniforme : Oüy le Rapport du Sieur le Pelletier, Confeiller ordinaire au Confeil Royal, Contrôlleur General des Finances. LE ROY EN SON CONSEIL, fans s'arrefter audit Arreft du vingt-fept Octobre 1667. A Ordonné & Ordonne, Que les Bas de Soye, d'Eftame & de Laine qui feront apportez dans le Royaume, foit qu'ils foient declarez pour le Compte des Marchands & Habitans de la Ville de Lyon ou autre-ment, Acquitteront en entier, à l'Entrée du Royaume, les Droits portez par le Tarif du dix-huit Avril 1667. Et en confequence fe-ront Déchargez de ceux de la Doüanne de Lyon. ENJOINT Sa Majefté, à Maiftre Pierre Domergue, Adjudicataire des Cinq groffes Fermes & autres Unies, fes Commis & Prépofez, de Per-cevoir lefdits Droits, fans en faire aucune Remife ny Compofi-tion ; Et aux Juges des Fermes d'y tenir la main, à peine d'en répondre en leurs propres & privez noms. FAIT au Confeil d'Eftat du Roy, tenu à Verfailles, le quinziéme jour de Juin mil fix cens quatre-vingt-huit. Collationné. Signé, COQUILLE.

ARREST

ARREST

DU CONSEIL D'ESTAT DU ROY,

Du vingt-neuf Juin 1688.

QUI Ordonne qu'à l'avenir, il fera Levé pour tous Droits d'Entrée , fur les Chairs fallées de toutes fortes, qui feront apportées des Païs Eftrangers , Cinq livres du Cent pefant.

Extrait des Regiftres du Confeil d'Eftat.

LE ROY voulant Regler les Droits qui feront perçûs à l'a-venir , à l'Entrée du Royaume , fur les Chairs fallées des Païs Eftrangers. VEU les Tarifs arreftez au Confeil, les dix-huit Septembre 1664. & treiziéme Juin 1674. Et OÜY le Rapport du Sieur le Pelletier, Confeiller ordinaire au Confeil Royal, Con-trôlleur General des Finances. SA MAJESTE' EN SON CONSEIL, A Ordonné & Ordonne, Qu'à l'avenir, à com-mencer du quinziéme Juillet prochain , Il fera Levé pour tous Droits d'Entrée, fur les Chairs fallées de toutes fortes, qui fe-ront apportées des Païs Eftrangers, la Somme de Cinq livres du Cent pefant, & à proportion. ENJOINT Sa Majefté à Maiftre Pierre Domergue , Adjudicataire des Cinq groffes Fermes , fes Procureurs & Commis, de Perçevoir lefdits Droits , fans en faire aucune Compofition ny remife ; Et aux Juges des Fermes, de tenir la main à l'execution du prefent Arreft, à peine d'en répondre en leurs propres & privez noms. Et fera le prefent Arreft, Publié & affiché par tout où befoin fera, à ce qu'aucun n'en ignore. FAIT au Confeil d'Eftat du Roy, tenu à Verfailles, le vingt-neuviéme

NOTA. *Le Bœuf falé d'Irlande qui Entrera dans le Royaume , par les Ports du Havre , Nantes , S. Malo, la Rochelle & Bordeaux , & qui fera Déclaré pour les Ifles Françoifes de l'Amerique , eft Exempt du Droit porté par le prefent Arreft ; Par autre Arreft du 7. Decembre 1688. cy-aprés.*

F

jour de Juin mil six cens quatre-vingt-huit. Collationné. Signé,
COQUILLE.

ARREST

DU CONSEIL D'ESTAT DU ROY,

Du sixiéme Juillet 1688.

QUI ORDONNE, Qu'à l'avenir, Il sera Levé & perçû
sur la Derle ou Terre propre à faire Porcelaines, qui
Sortira des Villes & Lieux Conquis par Sa Majesté, ou
à luy Cedez és Païs-Bas, par les Traitez de Paix & de
Tréve, pour estre transportée dans les Païs Estrangers,
la Somme de Quarante livres, pour Last de douze
Tonnes ordinaires; Au lieu de Six livres portée par le
Tarif du treize Juin 1671.

Extrait des Registres du Conseil d'Estat.

LE ROY s'estant fait representer en son Conseil, le Tarif
arresté en iceluy le treize Juin 1671. Touchant les Droits
d'Entrée & de Sortie de Flandres, Suivant lequel il doit estre perceu à la Sortie, de la Terre propre à faire la Porcelaine dite Derle,
la Somme de Six livres du Last de douze Tonnes ordinaires: Et Sa
Majesté estant Informée qu'il se trouve abondamment de cette Terre, au Village de Bruxelles prés Tournay, où les Estrangers la vont
enlever, au préjudice des Manufactures de Porcelaines establies
dans le Royaume, ausquelles elle doit servir de Matiere; Et voulant
y pourvoir: Oüy le Rapport du Sieur le Pelletier, Conseiller ordinaire au Conseil Royal, Contrôlleur General des Finances. SA

NOTA. *Lesdits Droits ont esté Réduits & Moderez à 20. livres, par l'Arrest du 26. Février 1692. cy-aprés.*

MAJESTE' EN SON CONSEIL, A Ordonné & Ordonne, Qu'à l'avenir, à commencer du quinziéme du prefent mois, Il fera Levé & perçû fur la Derle ou Terre propre à faire Porcelaines, qui Sortira des Villes & Lieux Conquis par Sa Majefté, ou qui luy ont efté Cedez és Païs-Bas, par les Traitez de Paix & de Tréve, pour eftre tranfportée aux Païs Eftrangers, la Somme de Quarante livres pour Laft de douze Tonnes ordinaires ; Au lieu de celle de Six livres portée par le Tarif du treize Juin 1671. FAIT Sa Majefté deffenfes à Maiftre Pierre Domergue, Adjudicataire des Cinq groffes Fermes & autres Fermes-Unies, fes Commis & Prépofez, de faire aucune Remife ny Compofition dudit Droit, à peine d'en répondre en leurs propres & privez noms. ENJOINT au Sieur Dugué de Bagnols , Confeiller d'Eftat Ordinaire, Intendant de Juftice, Police & Finances en Flandres & Haynault, de tenir la main à l'execution du prefent Arreft. FAIT au Confeil d'Eftat du Roy, tenu à Verfailles, le fixiéme jour de Juillet mil fix cens quatre-vingt-huit. Collationné. Signé, RANCHIN.

ARREST

DU CONSEIL D'ESTAT DU ROY,

Du quatorze Aouft 1688.

QUI ORDONNE, Que le Droit de Douze livres, porté par l'Arreft du quatorze Avril dernier, fur chacun Bœuf & Vaches gras ou maigres, Venant de la Flandres Efpagnolle , dans la Flandres Françoife , fera payé à l'Entrée, &c.

Extrait des Regiftres du Confeil d'Eftat.

VEU par le Roy en fon Confeil, la Requefte prefentée à Sa Majefté, par les Magiftrats & Habitans de la Ville & Chaftellenie de Furnes & autres de la Flandres Françoife, du Département du Sieur de Madry, Intendant en Flandres, du cofté de la Mer; CONTENANT, Que par Arreft du Confeil du quatorze Avril dernier, Sa Majefté ayant Ordonné qu'il feroit levé Douze livres fur chaque Bœuf gras ou maigre venant des Païs Etrangers, fon intention auroit efté d'Augmenter le Debit & la valeur des Beftiaux de fes Sujets; Neantmoins les Supplians ne profitent point de cette grace, attendu que ledit Arreft ne comprenant pas expreffement les Vaches, dont le Commerce eft confiderable dans le Païs, Les Eftrangers y en font Entrer encore en plus grande quantité qu'ils ne faifoient auparavant, en payant feulement les Droits ordinaires; Ce qui ruine tellement le Commerce des Beftiaux des Supplians, que bien fouvent ils ne vendent pas leurs Vaches graffes, plus que ce qu'ils les ont achetées maigres : A CES CAUSES, Requeroient lefdits Supplians, qu'il plût à Sa Majefté fur ce leur pourvoir. VEU auffi ledit Arreft du Confeil du quatorze Avril 1688. Et Oüy le Rapport du Sieur le Pelletier, Confeiller ordinaire au Confeil Royal, Contrôlleur General des Finances. LE ROY EN SON CONSEIL, ayant égard aufdites Requeftes, A Ordonné & Ordonne, Que ledit Arreft du Confeil du quatorziéme Avril dernier, fera executé felon fa forme & teneur, à l'égard des Villes, Chaftellenies & autres Lieux de la Flandres Françoife, du Département du Sieur de Madry, Intendant en Flandres, du cofté de la Mer; En confequence, interpretant en-tant que befoin feroit ledit Arreft, Ordonne qu'à commencer du jour de la Publication du prefent Arreft, il fera payé Douze livres pour les Droits d'Entrées de chaque Bœuf & Vache gras ou maigres, venant de la Flandres Efpagnolle & autres Païs Eftrangers, dans lefdites Villes, Chaftellenies & autres Lieux de la Flandres Françoife, du Département dudit Sieur de Madry; Auquel Sa Majefté Enjoint de tenir la main à l'Execution du prefent Arreft, qui fera Publié & affiché par tout où befoin fera. FAIT au Confeil d'Eftat du Roy, tenu à Verfailles, le quatorziéme jour d'Aouft mil fix cens quatre-vingt-huit. Collationné, Signé, RANCHIN.

ARREST

DU CONSEIL D'ESTAT DU ROY,

Du quatorziéme Aouft 1688.

PORTANT, Qu'il fera Levé à l'Entrée du Royaume, fur les Chapeaux de Caftor, venans d'Angleterre & autres Païs Etrangers, Vingt livres de chacun, pour tous Droits.

Extrait des Regiftres du Confeil d'Eftat.

LE ROY voulant favorifer les Manufactures de Chapeaux de Caftor, eftablies dans le Royaume ; Et pour cét effet augmenter les Droits d'Entrée fur les Chapeaux venans des Païs Eftrangers. VEU les Tarifs des dix-huit Septembre 1664. & treize Juin 1671. Et OüY le Rapport du Sieur le Pelletier, Confeiller ordinaire au Confeil Royal, Contrôlleur General des Finances. SA MAJESTE' EN SON CONSEIL, A ORDONNE' & Ordonne, Qu'à l'avenir, à commencer du premier Septembre prochain, il fera Levé & perceu pour tous Droits, à l'Entrée du Royaume, fur les Chapeaux de Caftor venans d'Angleterre & autres Païs Eftrangers, Vingt livres de chacun. FAIT deffenfes à Maiftre Pierre Domergue, Adjudicataire des Cinq groffes Fermes, fes Procureurs & Commis, de faire aucune Compofition ny remife defdits Droits, à peine d'en répondre en leurs propres & privez noms. ENJOINT aux Sieurs Intendans & Commiffaires Départis dans les Provinces & Generalitez du Royaume, de tenir la main à l'execution du prefent Arreft ; Lequel fera Leu, publié & affiché par tout où befoin fera, à ce qu'aucun n'en prétende caufe d'ignorance. FAIT au Confeil d'Eftat du Roy, tenu à Verfailles, le quatorziéme jour d'Aouft mil fix cens quatre-vingt-huit. Collationné. Signé, RANCHIN.

NOTA. *Les Droits d'Entrée des autres Chapeaux, font reglez par un Arreft du 3. Juillet 1691. cy-aprés.*

ARREST

DU CONSEIL D'ESTAT DU ROY,

Du quatorziéme Aoust 1688.

QUI ORDONNE, Que toutes les Dentelles de Fil d'Anvers, Bruxelles, Malines, & autres Lieux de la Flandres Espagnolle, & Païs Estrangers, venans dans la Flandres Françoise ; y Entreront seulement par les Bureaux de Rousselars & Condé, & y Acquitteront les Droits d'Entrée, à raison de Quarante livres pour chaque livre pesant.

Extrait des Registres du Conseil d'Estat.

LE ROY s'étant fait representer en son Conseil, le Tarif arresté en iceluy le treize Juin 1671. pour la Levée des Droits d'Entrée & de Sortie de Flandres, suivant lequel il ne se paye pour l'Entrée des Dentelles de Fil, venant de la Flandres Espagno. le, & autres Païs Estrangers, dans la Flandres Françoise, que Trente sols de chaque livre pesant ; Au lieu que par autre Tarif du troisiéme Février 1669. il devoit estre perçû Quarante livres pour les Droits d'Entrée desdites Dentelles. Et Sa Majesté estant Informée qu'il se fait par ce moyen, dans les Villes & Lieux Conquis par Sa Majesté, ou qui luy ont esté Cedez aux Païs-Bas, par les Traitez de Paix & de Tréve, des Entreposts de Dentelles d'Anvers, de Bruxelles, Malines, & autres Païs Estrangers ; Ce qui fait un notable préjudice aux Manufactures de Dentelles des Sujets de Sa Majesté, & facilite l'Entrée desdites Dentelles Estrangeres en fraude dans le Royaume. A quoy desirant pourvoir : Oüy le Rapport du Sieur le Pelletier, Conseiller or-

NOTA. *Cet Arrest-sy est Confirmé par un autre du 14. Iuin 1689. cy-aprés.*

dinaire au Conseil Royal , Contrôlleur General des Finances.
SA MAJESTE' EN SON CONSEIL, A Ordonné &
Ordonne , Qu'à l'avenir, à commencer du premier Septembre prochain , toutes les Dentelles de Fil d'Anvers, Bruxelles, Malines
& autres Lieux de la Flandres Espagnolle , & Païs Estrangers,
venans dans la Flandres Françoise , y Entreront seulement par les
Bureaux de Rousselars & Condé, & y Acquitteront les Droits d'Entrée, à raison de Quarante livres pour chaque livre pesant. Fait
Sa Majesté deffenses de les faire Entrer par d'autres Bureaux, à
peine de Confiscation, & de Mil livres d'Amende ; A Maistre
Pierre Domergue, Fermier des Cinq grosses Fermes, ses Procureurs & Commis, de faire aucune Composition , moderation, ny
remise desdits Droits, à peine d'en répondre en leur propre &
privé nom. Enjoint aux Sieurs Intendans en Flandres & Haynault, de tenir la main à l'execution du present Arrest ; Lequel
sera Leû, publié, & affiché où besoin sera, à ce qu'aucun n'en
pretende cause d'ignorance. Fait au Conseil d'Estat du Roy,
tenu à Versailles, le quatorziéme Aoust mil six cens quatre-
vingt-huit, Collationné. Signé , RANCHIN.

ARREST

DU CONSEIL D'ESTAT DU ROY,

Du quatorze Aoust 1688.

PAR lequel Sa Majesté Ordonne , En interpretant
l'Arrest du Conseil du vingt-neuf May dernier, Qui
Regle les Droits d'Entrées dans le Royaume, de toutes
sortes de Verres ; Qu'il sera payé Dix livres pour chacun
Cent pesant, de Bouteilles doubles & simples.

Extrait des Regiftres du Conseil d'Eftat.

VEU par le Roy en son Conseil, l'Arrest rendu en iceluy
le vingt-neuf May dernier ; Par lequel Sa Majesté a fixé les
Droits d'Entrée dans le Royaume , de toutes les Especes de
Verres : Et Sa Majesté estant Informée, que par méprise, quoy que
ce n'ait pas esté son intention, les Bouteilles simples & de gros
Verre y ont esté obmises. A quoy Sa Majesté voulant pourvoir ;
Oüy le Rapport du Sieur le Pelletier, Conseiller ordinaire au Con-
seil Royal, Contrôlleur General des Finances. LE ROY EN SON
CONSEIL, en interpretant ledit Arrest du vingt-neuviéme May
dernier, A Ordonné & Ordonne, Qu'il sera payé Dix livres pour
chacun Cent pesant de Bouteilles doubles & simples. FAIT au
Conseil d'Estat du Roy, tenu à Versailles, le quatorziéme jour
d'Aoust mil six cens quatre-vingt-huit. Collationné. Signé,
RANCHIN.

ARREST

ARREST

DU CONSEIL D'ESTAT DU ROY;

Du septiéme Septembre 1688.

QUI ORDONNE, Que les Cuirs Tannez venans des Païs Etrangers, payeront à toutes les Entrées du Royaume, Vingt pour Cent de leur valeur, suivant l'Estimation.

Extrait des Regiſtres du Conſeil d'Eſtat.

LE ROY s'étant fait repreſenter en ſon Conſeil, l'Arreſt rendu en iceluy le huitiéme Novembre 1687. Qui Ordonne qu'à commencer du premier Decembre ſuivant, il ſera Levé & perçû à l'Entrée de Marſeille, & autres Ports des Provinces de Languedoc & Provence, ſur les Cuirs Tannez venans des Païs Eſtrangers, Vingt pour Cent de leur valeur : Et Sa Majeſté eſtant Informée que les Marchands tant François qu'Eſtrangers, font Entrer par d'autres Ports du Royaume, leſdits Cuirs Tannez, ſans payer les Droits portez par ledit Arreſt ; A quoy eſtant neceſſaire de pourvoir ; Oüy le Rapport du Sieur le Pelletier, Conſeiller ordinaire au Conſeil Royal, Conrrôlleur General des Finances. SA MAJESTE' EN SON CONSEIL, A Ordonné & Ordonne, Que leſdits Cuirs Tannez venans des Païs Eſtrangers, payeront à toutes les Entrées du Royaume, Vingt pour Cent de leur valeur, ſuivant l'Eſtimation qui en ſera faite, ſoit qu'ils appartiennent aux François ou aux Eſtrangers. ENJOINT Sa Majeſté aux Sieurs Intendans & Commiſſaires départis dans les Provinces, de tenir la main à l'execution du preſent Arreſt. FAIT au Conſeil d'Eſtat du Roy, tenu à Verſailles, le ſeptiéme jour de Septembre mil ſix cens quatre-vingt-huit. Collationné. Signé, RANCHIN.

G

ARREST

DU CONSEIL D'ESTAT DU ROY,

Du vingt-trois Novembre 1688.

QUI ORDONNE la Levée de Six livres fur chaque Barique
d'Eauë de Vie, qui Sortira par Marans, pour les Païs
Eftrangers : Et à l'égard de celles qui feront déclarées
audit Marans, pour eftre tranfportées par Acquit à
Caution à la Rochelle, qu'elles feront Marquées d'une
Roüanne ; Et fi elles font portées aufdits Païs
Eftrangers, elles payeront lefdits Six livres, &c.

Extrait des Regiftres du Confeil d'Eftat.

SUR ce qui a efté reprefenté au Roy en fon Confeil, par
Maître Pierre Domergue, Fermier General des Gabelles,
Cinq groffes Fermes, Traite de Charente & autres Fermes-Unies ;
CONTENANT, Que Sa Majefté par Arreft de fon Confeil du
vingt-neuf Novembre 1687. Ayant Ordonné qu'il ne feroit payé
jufqu'à ce qu'il y euft efté autrement pourvû, qu'Onze livres pour
chacune Barique d'Eau de Vie, Sortant par la Riviere de Charente,
& par les Bureaux dépendans de la Ferme de la Traite de Charente,
au lieu de Seize livres dix fols dix deniers, qu'Elles doivent pour les
Droits de ladite Traite : Et Six livres pour chacune Barique qui Sortiroit par Marans, au lieu de Trois livres qu'elles payoient auparavant, fuivant le Tarif des Cinq groffes Fermes de l'année 1664. Divers Marchands qui avoient accouftumé de Charger à Marans des
Eauës de Vie, pour les Païs Eftrangers, les font porter par Acquit
à Caution, à la Rochelle, où ils font enfuite leurs Chargemens en
fraude des Droits deûs à Marans ; A quoy eftant neceffaire de pourvoir : Oü y le Rapport du Sieur le Pelletier, Confeiller ordinaire au
Confeil Royal, Contrôlleur General des Finances. SA MAJESTE'
EN SON CONSEIL, A Ordonné & Ordonne, Que ledit

Arreſt du vingt-neuf Novembre 1687. ſera executé ſelon ſa forme & teneur : Et conformément à iceluy, qu'il ſera levé Six livres ſur chaque Barique d'Eauë de Vie, qui Sortira par Marans pour les Païs Etrangers : Et à l'égard de celles qui feront déclarées audit Marans, pour eſtre tranſportées par Acquit à Caution à la Rochelle, Que les Voituriers & autres feront tenus de ſouffrir que leurs Futailles ſoient marquées d'une Roüanne ou Fer chaud, par les Commis dudit Domergue, à la Sortie de Marans, d'en faire leur Declaration à leur Arrivée, & d'en ſouffrir pareillement la Viſite dans leurs Magazins ; Et en cas que leſdites Eauës de Vie ſoient enſuite portées aux Païs Eſtrangers, Veut Sa Majeſté que le Droit de Six livres par Barique ſoit payé, comme ſi elles eſtoient paſſées de Marans à l'Etranger ; Le tout à peine de Confiſcation & de Cinq cens livres d'Amende contre les Contrevenans. Fait au Conſeil d'Eſtat du Roy, tenu à Verſailles, le vingt-troiſiéme jour de Novembre mil ſix cens quatre-vingt-huit. Collationné. Signé, DE FREMONT.

ARREST

DU CONSEIL D'ESTAT DU ROY,

Du vingt-trois Novembre 1688.

PORTANT , Qu'il ſera payé la Somme de Douze livres , pour les Droits d'Entrée de chaque Bœuf & Vache gras ou maigre, venant de la Flandres Eſpagnole, & autres Païs Etrangers, dans la Flandres Françoiſe.

Extrait des Regiſtres du Conſeil d'Eſtat.

LE ROY s'eſtant fait repreſenter en ſon Conſeil, l'Arreſt rendu en iceluy, le quatorze Aouſt dernier, Portant qu'il ſera payé la Somme de Douze livres pour les Droits d'Entrée de chaque Bœuf & Vache gras ou maigre, venant de la Flandres

Espagnole, & autres Païs Estrangers, dans les Villes, Châtellenies, & autres Lieux de la Flandres Françoise, du Département du Sieur Demadrys : Et Sa Majesté voulant que ledit Arrest soit executé, pareillement à l'égard des Villes & Chastellenies de l'Isle, Doüay, Orchies, Tournay & Tournaisis : Oüy le Rapport du Sieur le Pelletier, Conseiller ordinaire au Conseil Royal , Contrôlleur General des Finances. SA MAJESTE' EN SON CONSEIL, A Ordonné & Ordonne, Que l'Arrest rendu en iceluy, le quatorze Aoust dernier, sera executé selon sa forme & teneur, à l'égard des Villes & Chastellenies de l'Isle, Doüay, Orchies, Tournay & Tournaisis, Ville & Verge de Menin, comme dans le Département du Sieur Demadrys ; En consequence, qu'à commencer du jour de la Publication du present Arrest, il sera Levé & perçeu pour tous Droits d'Entrée, la Somme de Douze livres sur chaque Bœuf & Vache gras ou maigre, venant de la Flandres Espagnole & autres Païs Estrangers, dans lesdites Villes & Chastellenies de l'Isle, Doüay, Orchies, Tournay & Tournaisis, Ville & Verge de Menin. ENJOINT aux Sieurs Dugué de Bagnols, & Demadrys, Intendans de Justice , Police & Finances en Flandres, de tenir la main à l'execution du present Arrest, qui sera Lû, publié & affiché par tout où besoin sera , à ce qu'aucun n'en prétende cause d'ignorance. FAIT au Conseil d'Estat du Roy, tenu à Versailles, le vingt-troisiéme jour de Novembre mil six cens quatre-vingt-huit. Collationné. Signé, DE FREMONT.

ARREST

DU CONSEIL D'ESTAT DU ROY,

Du vingt-troisiéme Novembre 1688.

QUI ORDONNE, Que l'Article IV. du Titre deux, de l'Ordonnance de 1687. sera executé : Et en consequence, Que les Marchands seront tenus de faire leurs Declarations de leurs Marchandises, tant pour l'Entrée, que pour la Sortie, contenant la Quantité, le Poids, Nombre & Mesure ; Et qu'à l'égard des Marchandises sujettes à Dechet & Coulages, les Droits en seront payez à l'Entrée, sur le pied du Poids effectif, &c.

Extrait des Registres du Conseil d'Estat.

SUR la Requeste presentée au Roy en son Conseil, par Maistre Pierre Domergue, Adjudicataire General des Cinq grosses Fermes & autres Fermes-Unies ; CONTENANT, Que les nommez Marlet, Dacepte, Lequet, & autres Marchands de la Ville de Roüen, ayans fait apporter au Bureau de la Doüanne de ladite Ville, au mois de Juillet dernier, des Marchandises pour les envoyer dehors, & offert de faire leurs Declarations ; Et le Directeur n'ayant pas trouvé les Declarations conformes à l'Ordonnance de 1687. Titre deux, Article IV. auroit refusé de les recevoir, à cause qu'elles ne contenoient point le Poids & Mesure desdites Marchandises, ainsi qu'il est expressément porté par ledit Article. Ce qui donna lieu à une contestation, qui fut d'abord portée devant le Maistre des Ports & Passages de la Province de Normandie, où lesdits Marchands, joint à eux le Sindic de leur Communauté, ayant soûtenu que l'Usage estoit de ne point faire de mention du Poids & Mesure des Marchandises ; & que même le Sieur Cha-

G iij

millard , Commiſſaire Deputé par Sa Majeſté , ayant donné ſon Ordre du deuxiéme Juillet audit an , portant ſurſéance à cét égard pour trois mois , pour ce qui regardoit l'Entrée des Marchandiſes , cét Ordre devoit avoir lieu paréillement pour la Sortie ; Ledit Maiſtre des Ports par ſa Sentence du quatorziéme dudit mois de Juillet , a Ordonné par Proviſion , que pendant le temps de trois mois donné par l'Ordre dudit Sieur Chamillard , il en ſeroit uſé comme par le paſſé , pour les Entrées , à laquelle fin ſeroient auſſi les Marchandiſes expediées à l'ordinaire pour les Sorties. Et le Suppliant en ayant appellé ; La Cour des Aydes de Roüen , par ſon Arreſt du quatriéme Aouſt auſſi dernier , A mis ſur l'Appel les Parties hors de Cour & de Procés ; Et Ordonné qu'il en ſeroit uſé comme par le paſſé. Ce qui introduit une Loy contraire à l'Ordonnance , parce que ſuivant les termes formels dudit Article IV. du Titre deux de celle de 1687. il eſt dit que les Declarations contiendront la Quantité , le Poids & la Meſure des Marchandiſes , qui eſt l'unique moyen pour éviter que les Droits de Sa Majeſté ne ſoient fraudez : Auſſi leſdits Marchands n'ont ſçû alleguer d'autre prétexte de leur refus , & leſdits Jugemens n'ont d'autre motif que celuy d'une impoſſibilité imaginaire , qu'ils ont fondée ſur ce que leurs Correſpondans des Païs Eſtrangers ne ſçavoient point cet Uſage ; Et que d'ailleurs certaines Marchandiſes eſtant ſujettes à des Dechets & Coulages , le Poids n'en pouvoit plus eſtre le même qu'il eſtoit au lieu du Chargement. Mais d'un coſté cette difficulté ceſſe aujourd'huy ; Parce que ledit Sieur Chamillard n'a donné le delay de trois mois , que pour avertir les Correſpondans pour ſe conformer à nos Uſages , & ce delay eſt aujourd'huy expiré : Et d'un autre coſté cette prétenduë impoſſibilité ne peut jamais ſe rencontrer à ce qui eſt des Sorties des Marchandiſes , parce qu'un Marchand de Roüen qui a fait des Balots , doit ſçavoir le Poids , le nombre , & la Meſure des Marchandiſes qu'il a luy-même Emballées. Et à l'égard des Entrées , il eſt d'une neceſſité indiſpenſable & à luy & à ſon Correſpondant , de ſe dönner mutuellement Avis de ces mêmes circonſtances , du Poids & de la Meſure , pour former entr'eux un Compte précis & certain : Et qu'à l'égard des Marchandiſes ſujettes à des Dechets & Coulages , Il conſent que le Droit n'en ſoit payé que ſur le pied du Poids effectif ; D'où il s'enſuit que ce ne peut eſtre que par un principe de mauvaiſe foy , qu'on a refuſé de donner au Suppliant une telle Declaration; Ce qui a obligé le Suppliant d'avoir recours à Sa Majesté. A CES CAUSES, Requeroit le Suppliant qu'il plût à Sa Majesté Ordonner, que conformément audit Article IV. du Titre deux de l'Ordonnance de 1687. Les Marchands de Roüen feront tenus de faire leurs Declarations defdites Marchandifes, tant pour l'Entrée, que pour la Sortie, contenant la Quantité, le Poids, Nombre & Mefure, nonobftant la Sentence du Maiftre des Ports de Roüen du quatorze Juillet dernier, & l'Arreft de la Cour des Aydes dudit lieu, du quatre Aouft enfuivant, qui feront caffez & annullez, comme contraires à l'Ordonnance; Et faire deffenfes à tous Marchands de contrevenir audit Article IV. & à l'Arreft qui interviendroit, à peine de Confifcation des Marchandifes, & de tous dépens, dommages & interefts. VEU ladite Requefte. Lefdites Sentence & Arreft, & autres Pieces: Oüy le Rapport du Sieur le Pelletier, Confeiller ordinaire au Confeil Royal, Contrôlleur General des Finances. LE ROY EN SON CONSEIL, A Ordonné & Ordonne, Que l'Article IV. du Titre deux de l'Ordonnance de 1687. fera executé felon fa forme & teneur: Et en confequence que les Marchands feront tenus de faire leur Declaration de leurs Marchandifes, tant pour l'Entrée que pour la Sortie, contenant la Quantité, le Poids, Nombre & Mefure, nonobftant la Sentence du Maiftre des Ports de Roüen du quatorze Juillet dernier, & l'Arreft de la Cour des Aydes dudit lieu du quatre Aouft enfuivant, que Sa Majefté a caffez & annullez. ET à l'égard des Marchandifes fujettes à Dechets & Coulages, comme Sucres bruts, Huilles, Beures & autres. ORDONNE Sa Majefté que les Droits en feront payez à l'Entrée fur le pied du Poids effectif, en rapportant toutesfois par les Marchands & Voituriers, les Declarations du Poids au lieu du Chargement, & reprefentans par eux les mêmes Quantitez de Pipes, Bariques, Barils, Frequins, & autres Fuftailles & Vaiffeaux en bon état. FAIT au Confeil d'Eftat du Roy, tenu à Verfailles, le vingt-troifiéme jour de Novembre mil fix cens quatre-vingt-huit. Signé, DE FREMONT.

ARREST
DU CONSEIL D'ESTAT DU ROY,

Du vingt-trois Novembre 1688.

PORTANT, Qu'il fera Levé fur les Damaffez & petites Venife, Quarante livres du Cent pefant ; Sur les Draps & Etoffes de Soye & Velours, Vingt livres de chaque livre pefant ; Et fur les Tableaux & Peintures , Vingt fols de chaque livre pefant, &c.

Extrait des Regiftres du Confeil d'Eftat.

LE ROY s'eftant fait reprefenter en fon Confeil, les Tarifs arreftez en iceluy, les dix-huit Septembre 1664. & treize Juin 1671. Pour le payement des Droits d'Entrée de France & de Flandres ; Et Sa Majefté voulant augmenter lefdits Droits, fur quelques-unes des Marchandifes venant de la Flandres Efpagnole, dans les Villes & Lieux Conquis par Sa Majefté, ou qui luy ont efté Cedez aux Païs-Bas , foit pour y eftre confommées , ou pour paffer dans le Royaume, par les Bureaux des Cinq groffes Fermes : Oüy le Rapport du Sieur le Pelletier , Confeiller ordinaire au Confeil Royal, Contrôlleur General des Finances. SA MAJESTE' EN SON CONSEIL, A Ordonné & Ordonne, Qu'à commencer du premier Decembre prochain, Il fera Levé & perçeu pour tous Droits d'Entrée, fur les Marchandifes cy-aprés déclarées, venant de la Flandres Efpagnolle, dans les Villes & Lieux Conquis par Sa Majefté , ou qui luy ont efté Cedez aux Païs-Bas ; foit qu'elles y foient Confommées, ou qu'elles fe tranfportent dans le Royaume, par les Bureaux des Cinq groffes Fermes ; Sçavoir, Sur les Damaffez & petites Venifes, Quarante livres du cent pefant ; Sur les Draps & Etoffes de Soye & Velours, Vingt livres de chaque livre pefant ; Et fur les Tableaux & Peintures, Vingt fols de chaque livre pefant;

Au

Au lieu des Droits portez par lesdits Tarifs de 1664. & 1671. FAIT Sa Majesté Deffenses à Maistre Pierre Domergue, Adjudicataire General des Cinq grosses Fermes & Entrées du Royaume, ses Procureurs & Commis, de faire aucune Moderation desdits Droits, à peine d'en répondre en leurs propres & privez noms. ENJOINT aux Sieurs Intendans en Flandres, de tenir la main à l'execution du present Arrest. FAIT au Conseil d'Estat du Roy, tenu à Versailles, le vingt-troisiéme Novembre mil six cens quatre-vingt-huit. Signé, DE FREMONT.

ARREST

DU CONSEIL D'ESTAT DU ROY,

Du septiéme Decembre 1688.

QUI ORDONNE, Que les Couvertures de Laines Etrangeres, Payeront à l'Entrée du Royaume ; Sçavoir, les grosses & mediocres, Trois livres la piece ; Et les fines, Six livres la piece : Et qu'ils ne pourront Entrer que par les Ports de Calais & S. Valery.

Extrait des Registres du Conseil d'Estat.

LE ROY s'estant fait representer en son Conseil, les Arrests rendus en iceluy les huitiéme Novembre & vingt-trois Decembre 1687. Par lesquels pour obvier aux fraudes & abus qui s'estoient commis par le passé, au sujet de l'Entrée & du payement des Droits établis sur les Draperies Etrangeres, Entrans dans le Royaume : Sa Majesté a Ordonné qu'elles ne pourront Entrer que par les Ports de Calais, & S. Valery, A peine de Confiscation ; Avec Deffenses à l'Adjudicataire des Cinq grosses Fermes, & ses Commis, de faire aucune Composition des Droits portez par les Tarifs, à peine d'en répondre en leurs propres & privez noms. Et Sa Majesté voulant que les Couvertures de Laines, soient sujettes à

H

ce qui eſt Ordonné par leſdits Arreſts, à l'égard des Draperies ; Meſme Regler les Droits qui ſeront perçûs à l'avenir, ſur les groſſes Couvertures & ſur les Fines : VEU les Tarifs arreſtez au Conſeil les dixhuit Septembre 1664. & dix-huit Avril 1667. Oüy le Rapport du Sieur le Pelletier, Conſeiller ordinaire au Conſeil Royal, Contrôlleur General des Finances. LE ROY EN SON CONSEIL, conformément auſdits Arreſts des huit Novembre & vingt-trois Decembre 1687. A Ordonné & Ordonne, Qu'à commencer du premier Janvier 1689. les Couvertures de Laines Étrangeres, ne pourront Entrer dans le Royaume, que par les Ports de Calais & Saint Valery : En payant, Sçavoir, les groſſes & mediocres Couvertures, Trois livres la piece ; Et les Fines, Six livres la piece, & ce ſur les peines portées par leſdits Arreſts. ENJOINT Sa Majeſté, aux Sieurs Intendans & Commiſſaires Départis dans les Provinces & Generalitez du Royaume ; Et aux Juges des Fermes, de tenir la main à l'execution du preſent Arreſt. FAIT au Conſeil d'Eſtat du Roy, tenu à Verſailles, le ſeptiéme jour de Decembre mil ſix cens quatre-vingt-huit. Collationné. Signé, DE FREMONT.

ARREST

DU CONSEIL D'ESTAT DU ROY,

Du premier Février 1689.

QUI ORDONNE, Que les Peaux de Veau, & autres Cuirs corroyez, venans des Païs Etrangers, payeront à toutes les Entrées du Royaume, Vingt pour Cent de leur valeur, ſuivant l'eſtimation.

Extrait des Regiſtres du Conſeil d'Eſtat.

SUR ce qui a eſté repreſenté au Roy en ſon Conſeil, Que par deux Arreſts rendus en iceluy les huit Novembre 1687. & ſept Septembre 1688. Sa Majeſté auroit augmenté en faveur des Manufactures du Royaume, les Droits d'Entrée des Cuirs tannez ve-

nant des Païs Etrangers, jufqu'à Vingt pour Cent de leur valeur :
Et qu'encore que les Cuirs corroyez qui font apportez des Païs
Etrangers, doivent eftre fujets aux mêmes Droits de Vingt pour
Cent, puis qu'ils ne peuvent eftre Corroyez qu'ils n'ayent efté tannez auparavant, & qu'ils ont receu dans les Païs Eftrangers, un
Appreft de plus que les Cuirs tannez ; Neanmoins quelques Marchands ayant fait venir des Peaux de Veau Corroyez, d'Angleterre,
ils auroient prétendu n'en devoir payer que les Droits ordinaires ; Et
les Juges auroient fait difficulté de les condamner au Payement de
l'Augmentation, attendu qu'il n'eft point fait mention des Cuirs
corroyez, dans les Arrefts du Confeil des huit Novembre 1687. &
fept Septembre 1688. A quoy eftant neceffaire de pourvoir : Oü y
le Rapport du Sieur le Pelletier, Confeiller ordinaire au Confeil
Royal, Contrôlleur General des Finances. LE ROY EN SON
CONSEIL, A Ordonné & Ordonne, Que lefdits Arrefts des
huitiéme Novembre 1687. & feptiéme Septembre 1688. feront executez felon leur forme & teneur : Et conformement à iceux, Que
les Peaux de Veau & autres Cuirs corroyez, venans des Païs Etrangers, payeront à toutes les Entrées du Royaume, Vingt pour Cent
de leur valeur, fuivant l'eftimation qui en fera faite. ENJOINT
Sa Majefté aux Sieurs Intendans & Commiffaires Départis dans les
Provinces ; Enfemble aux Juges des Fermes, de tenir la main à
l'Execution du prefent Arreft. FAIT au Confeil d'Eftat du Roy,
tenu à Verfailles, le premier jour de Février mil fix cens quatre-
vingt-neuf. Collationné. Signé, ROUILLET.

ARREST

DU CONSEIL D'ESTAT DU ROY,

Du premier Mars 1689.

QUI ORDONNE, Qu'il fera Levé & perçû à l'Entrée des Villes & Lieux Conquis par Sa Majefté, ou qui luy ont efté Cedez és Païs-Bas, Douze fols de la Groffe de Pipes à Tabac, venans d'Hollande, & autres Païs Etrangers, &c.

Extrait des Regiftres du Confeil d'Eftat.

LE ROY voulant favorifer la Manufacture de Pipes à Tabac, établie en la Ville de Condé, & pour cet effet augmenter les Droits d'Entrée de celles qui font apportées des Païs Etrangers, en la Flandres Françoife : VEU le Tarif des Droits d'Entrée & de Sortie de Flandres du treize Juin 1671. Et O ü y le Rapport du Sieur le Pelletier, Confeiller ordinaire au Confeil Royal, Contrôlleur General des Finances. SA MAJESTE' EN SON CONSEIL, A Ordonné & Ordonne, Qu'à l'avenir, à commencer du dixiéme Mars prochain, il fera Levé & perçû à l'Entrée des Villes & Lieux Conquis par Sa Majefté, ou qui luy ont efté Cedez és Païs-Bas, par les Traitez de Paix & de Treves, fur les Pipes à Tabac tant grandes que petites, venans d'Hollande & autres Païs Etrangers, Douze fols de la Groffe de douze douzaines; Au lieu de Deux fols fix deniers portez par le Tarif de 1671. FAIT Sa Majefté deffenfes à Maiftre Pierre Domergue, Adjudicataire General des Cinq groffes Fermes & Entrées du Royaume, fes Procureurs

NOTA *Le même Droit de 12. fols de la Groffe defdites Pipes, eft Ordonné par Arreft du 26. Juin 1691. cy-aprés.*

Et par autre Arreft du 3. Juillet 1692. Il eft Ordonné que la Groffe de Pipes à Tabac, payera à l'Entrée du Royaume 24. fols.

& Commis, de faire aucune Moderation defdits Droits, à peine
d'en répondre en leurs propres & privez noms. ENJOINT aux Sieurs
Intendans en Flandres, de tenir la main à l'execution du prefent
Arreft. FAIT au Confeil d'Eftat du Roy, tenu à Verfailles, le
premier jour de Mars mil fix cens quatre-vingt-neuf. Collationné.
Signé, ROUILLET.

ARREST

DU CONSEIL D'ESTAT DU ROY,

Du premier Mars 1689.

PORTANT, Qu'à l'avenir il fera Levé & perçû, fur
les Chardons à Drapiers & Bonnetiers, Sortans du
Royaume, Dix livres de la Balle pefant Cent cinquante
livres, &c.

Extrait des Regiſtres du Confeil d'Eſtat.

LE ROY s'étant fait reprefenter en fon Confeil, le Tarif
arreſté en iceluy le dix-huit Septembre 1664. Pour le Payement des Droits d'Entrée & de Sortie du Royaume, Portant qu'il
fera payé à la Sortie des Chardons à Drapiers & Bonnetiers, Cinquante fols de la Balle pefant Cent cinquante livres : Et Sa Majeſté eſtant Informée qu'il fort tous les ans une grande quantité
defdits Chardons, au préjudice des Manufactures de Draps établies dans le Royaume, aufquelles ces Chardons doivent eſtre
employez; Voulant y pourvoir : Oü y le Rapport du Sieur le Pelletier, Confeiller ordinaire au Confeil Royal, Contrôlleur General des Finances. SA MAJESTE' EN SON CONSEIL,
A ORDONNE' & Ordonne, Qu'à l'avenir, à commencer du
quinze Mars prochain, il fera Levé & perçû fur les Chardons à
Drapiers & Bonnetiers, Sortans du Royaume, Dix livres de la
Balle pefant Cent cinquante livres; Au lieu des Cinquante fols
portez par le Tarif du dix-huit Septembre 1664. FAIT Sa Maje-

fté Deffenfes à Maiftre Pierre Domergue, Adjudicataire General des Cinq groffes Fermes, & Entrées & Sorties du Royaume , fes Procureurs & Commis, de faire aucune Moderation defdits Droits, à peine d'en répondre en leurs propres & privez noms. E N J O I N T aux Sieurs Intendans & Commiffaires Départis dans les Provinces & Generalitez du Royaume ; Même aux Juges des Fermes où ils font établis , de tenir la main à l'execution du prefent Arreft. F A I T au Conseil d'Eftat du Roy, tenu à Verfailles , le premier jour de Mars mil fix cens quatre-vingt-neuf. Collationné. Signé, R O U I L L E T.

A R R E S T

CONTRADICTOIRE

DU CONSEIL D'ESTAT DU ROY,

Du douziéme Avril 1689.

QUI Evaluë les Tabacs de Tonneins , Saint Porquier, Clairac & autres Lieux circonvoifins : Ordonne qu'ils payeront les Droits Forains , à raifon de Vingt-trois deniers de ladite Eftimation, outre les Trois fols pour livre ; Et que les Marchands ne pourront Voiturer les Tabacs qu'Emballez ou Emboutez , &c.

Extrait des Regiftres du Confeil d'Eftat.

VEU par le Roy en fon Confeil, l'Arreft rendu en iceluy le vingt Octobre dernier, fur la Requefte du Syndic general de la Province de Languedoc ; Ladite Requefte, tendante à ce que les Droits Forains qui fe Levent fur le Tabac du Crû dans ladite Province, foient Reglez fuivant l'Eftimation qui en fera faite ; Que les Tabacs puiffent eftre Voiturez en Grenier, & fans eftre Emballez, & qu'il foit fait défenfes aux Commis du Bureau de la Foraine de Narbonne, d'exiger les Droits Forains à raifon du

poids de Table : Ledit Arreſt portant Renvoy de ladite Requeſte
au Sieur de Baſville, Conſeiller ordinaire du Roy en ſes Conſeils,
Intendant de Juſtice, Police, & Finances en Languedoc ; Pour
aprés avoir entendu les Parties, donner ſon Avis ſur les Conteſtations, & regler les Droits de Sortie, qui ſeront levez & perceus ſur
le Tabac de toute qualité, tant avec Coſte que ſans Coſte, ſuivant
l'Eſtimation qui en ſeroit par luy faite, pour le tout veu & rapporté
au Conſeil, eſtre Ordonné ce qu'il appartiendra. Requeſte preſentée en conſequence audit Sieur Intendant, par ledit Syndic : Et
l'Ordonnance de Communication d'icelle, à Maiſtre Pierre Domergue, Fermier General des Gabelles, Cinq groſſes Fermes & Tabac,
du vingt-neuf Decembre dernier. La Convention ſignée du Sieur
de S. Amant, l'un des Cautions dudit Domergue, du Sieur Jou-
bert, Syndic General de ladite Province, & du Sieur de Roux, en
datte du trente dudit mois de Decembre ; Pour l'Evaluation deſdits Tabacs, à Dix-huit francs du Quintal, de Clairac ſans Coſte ;
A Douze francs pour les Feüilles dudit Tabac avec Coſte ; A Six
francs pour le Tabac avec Coſte ; Et à Trente ſols pour la Coſte du
Tabac, & le Groiſil. Et leur conſentement que les Droits en ſoient
levez du Quintal poids de Marc, à raiſon de Vingt-trois deniers
pour livre, & en outre Trois ſols pour livre dudit Droit, en atten-
dant qu'il ait eſté procedé à un nouveau Tarif, ſur l'Avis dudit Sieur
Intendant, en execution de l'Arreſt du vingt Octobre dernier, auquel temps ladite Convention ſera nulle & comme non arrivée.
L'Avis dudit Sieur Intendant, ſur les Requeſtes reſpectives des
Parties, du quatre Février dernier ; Portant qu'il eſtime que Sa
Majeſté peut ſi bon luy ſemble, autoriſer l'Evaluation des Tabacs
de Tonneins, Saint Porquier, Clairac, & autres lieux circonvoi-
ſins ; Sçavoir, le Tabac ſans Coſte, A Dix-huit livres le Quintal,
poids de Marc ; Les Feüilles du Tabac avec Coſte, A Douze francs ;
Le Tabac avec Coſte, A Six livres ; La Coſte du Tabac & le Groiſil,
A Trente ſols. Ordonner que ſans préjudice des Droits des Parties,
& juſqu'à ce qu'il ait eſté procedé à un nouveau Tarif des Droits
Forains, les Tabacs payeront les Droits à raiſon de Vingt-trois deniers pour livre de l'Eſtimation ; Sçavoir, Pour le Tabac ſans Coſte,
Trente-trois ſols du Quintal, poids de Marc ; Des Feüilles de Tabac
avec Coſte, Vingt-deux ſols ; Du Tabac avec la Coſte, Onze ſols ;
Et de la Coſte & Groiſil, Deux ſols ſix deniers ; Et outre ce, les

Trois fols pour livre defdits Droits. Faire Défenfes aux Marchands de Voiturer les Tabacs fans Cofte, les Feüilles de Tabac & le Groifil, autrement qu'Emballez ou Embouttez, à peine de Confifcation : Et leur permettre de Voiturer en Grenier, les Tabacs avec Cofte, & la Cofte du Tabac feulement ; A la charge que les Rouleaux feront tous uniformes, de cinq cordes chacun & de deux pieds de long, fans qu'ils puiffent eftre plus grands ny plus petits, à peine de Confifcation, & de Cinq cens livres d'Amende. Et que les Marchands feront tenus de paffer Obligation, aux Lieux du Chargement, de reprefenter aux Commis des Buteaux de la Sortie, le nombre des Roulleaux portez par les Obligations ; Et faire Défenfes aux Commis de la Foraine, d'expedier ny exiger les Droits Forains, autrement que fur le poids de Marc, à peine de Concuffion : Oü y le Rapport du Sieur Phelippeaux de Pontchartrain, Confeiller du Roy en fes Confeils, Intendant des Finances. LE ROY EN SON CONSEIL, faifant droit fur ladite Requefte, conformement à l'Avis dudit Sieur de Bafville ; A Evalué du confentement des Parties, les Tabacs de Tonneins, Saint Porquier, Clairac & autres Lieux circonvoifins ; Sçavoir, Le Tabac fans Cofte, A Dix-huit livres, le Quintal, poids de Marc ; Les Feüilles de Tabac avec Cofte, à Douze livres ; Le Tabac avec Cofte, à Six livres ; La Cofte de Tabac & le Groifil, à Trente fols. ORDONNE, que fans préjudice du Droit des Parties, & jufqu'à ce qu'il ait efté procedé à un nouveau Tarif des Droits Forains ; Les Tabacs payeront les Droits à raifon de Vingt-trois deniers pour livre, de ladite Eftimation ; Sçavoir, pour le Tabac fans Cofte, Trente-trois fols du Quintal, poids de Marc ; Des Feüilles de Tabac avec Cofte, Vingt-deux fols ; Du Tabac avec la Cofte, Onze fols ; Et de la Cofte & Groifil, Deux fols fix deniers. Et outre ce, les Trois fols pour livre defdits Droits. ORDONNE en outre Sa Majefté, du Confentement defdites Parties, que les Marchands ne pourront Voiturer les Tabacs fans Cofte ; les Feüilles de Tabac & le Groifil, autrement qu'Emballez ou Emboutez, à peine de Confifcation. Et leur Permet de Voiturer en Grenier, les Tabacs avec la Cofte, & la Cofte du Tabac feulement ; A la charge que les Rouleaux feront tous uniformes, de cinq cordes chacun & de deux pieds de long, fans qu'ils puiffent eftre plus grands ny plus petits, à peine de Confifcation, & de Cinq cens livres d'Amende : Et que les Marchands

feront

feront tenus de paſſer Obligation aux Lieux du Chargement, de repreſenter aux Commis des Bureaux de la Sortie, le nombre des Rouleaux portez par leſdites Obligations. Et fait Deffenſes aux Commis de la Foraine, d'expedier ny d'exiger les Droits Forains, autrement que ſur le poids de Marc, à peine de Concuſſion F A I T au Conſeil d'Eſtat du Roy, tenu à Verſailles, le douziéme jour d'Avril mil ſix cens quatre-vingt-neuf. Collationné. Signé, C O Q U I L L E.

A R R E S T

DU CONSEIL D'ESTAT DU ROY,

Du dixiéme May 1689.

QUI Ordonne, Que tous les Cuirs tannez & Corroyez, venans des Païs Eſtrangers, Payeront pour tous Droits d'Entrée dans le Royame, Vingt pour Cent de leur valeur, ſuivant l'Eſtimation ; Comme auſſi les Vaches de Rouſſy, & les Peaux de Veaux & autres, paſſées en Couleurs: Excepté les Peaux de Chevres & de Mouton, paſſées en blanc, jaune, ou autres couleurs, qui ne payeront que les Droits ordinaires, &c.

Extrait des Regiſtres du Conſeil d'Eſtat.

LE ROY s'étant fait repreſenter en ſon Conſeil, les Arreſts rendus en iceluy les huit Novembre 1687. & ſept Septembre 1688. Par leſquels Sa Majeſté a Ordonné, que les Cuirs tannez venans des Païs Etrangers, payeront Vingt pour Cent de leur valeur, aux Entrées du Royaume. Celuy du premier Février 1689. Portant que les Peaux de Veaux & autres Cuirs corroyez, venans auſſi des Païs Etrangers, payeront ſemblablement Vingt pour Cent de leur valeur : Et Sa Majeſté voulant faire ceffer les Conteftations, qui arrivent dans l'execution defdits Arrefts, tant au fujet du payement dudit Droit de Vingt pour Cent, que les Commis de certains Bureaux pretendent lever, outre & par deffus les Droits ordinaires, que de la qualité des Cuirs qui doivent payer comme Cuirs tannez & corroyez; Les Marchands pretendant que les Vaches de Rouffy, ne font point de cette qualité, & que les Peaux de Veaux mifes en couleur, ne doivent payer, fuivant l'Arreft du Confeil du quinze Février dernier, que les Droits ordinaires portez par les Tarifs; Quoy que l'intention de Sa Majefté, ait été de ne Décharger dudit Droit de Vingt pour Cent, que les Peaux de Chevres appreftées, & celles de Mouton paffées en blanc, jaune & autres couleurs en façon de Chamois, qui peuvent fervir aux Manufactures de Gans : Oüy le Rapport du Sieur le Pelletier, Confeiller ordinaire au Confeil Royal, Contrôlleur General des Finances. SA MAJESTE' EN SON CONSEIL, Conformément aufdits Arrefts des huit Novembre 1687. fept Septembre 1688. premier Février & quinze Février 1689. Et iceux Interpretant en tant que befoin feroit : à ORDONNE' & ORDONNE, Que tous les Cuirs tannez & corroyez, venans des Païs Etrangers, payeront pour tous Droits d'Entrées dans le Royaume, Vint pour Cent de leur valeur, fuivant l'eftimation qui en fera faite ; Comme auffi que les Vaches de Rouffy, & les Peaux de Veaux & autres, paffées en couleur, payeront femblablement Vingt pour cent de leur valeur, à toutes les Entrées du Royaume ; Excepté les Peaux de Chevres, & celles de Mouton paffées en blanc, jaune, ou autres couleurs en façon de Chamois, qui feront propres aux Manufactures de Gans, lefquels ne payeront que les Droits ordinaires & accouftumez, conformément audit Arreft du quinze Février dernier. ENJOINT Sa Majefté aux Sieurs Intendans & Commiffaires Départis dans les Provinces ; Enfemble aux Juges des Fermes, de tenir la main à l'Execution du prefent Arreft. FAIT au Confeil d'Eftat du Roy, tenu à Verfailles, le dixiéme jour de May mil fix cens quatre-vingt-neuf. Collationné. Signé, COQUILLE.

ARREST
DU CONSEIL D'ESTAT DU ROY,

Du dixiéme May 1689.

QUI Ordonne, Que les Peaux de Veaux corroyées, qui feront apportées des Païs Errangers, dans le Royaume, Payeront pour tous Droits d'Entrée, Six livres de chaque Douzaine de Peaux.

Extrait des Regiſtres du Conſeil d'Eſtat.

LE ROY s'eſtant fait repreſenter en ſon Conſeil, l'Arreſt rendu en iceluy le premier Février 1689. Portant qu'il fera Levé aux Entrées du Royaume, ſur les Peaux de Veaux corroyées, venans des Païs Etrangers, Vingt pour Cent de leur valeur, ſuivant l'eſtimation qui en ſera faite : Et Sa Majeſté eſtant Informée des Conteſtations qui arrivent entre les Marchands & les Commis du Fermier des Cinq groſſes Fermes, au ſujet de ladite Eſtimation, qui change ſouvent les differentes qualitez deſdites Peaux, dont le Commerce pourroit recevoir quelque préjudice ; Voulant y pourvoir, & Regler les Droits d'Entrée qui feront payez pour leſdites Peaux, à la Douzaine, ainſi qu'il eſt porté par les Tarifs des mois de Septembre 1664. & Avril 1667. Oüy le Rapport du Sieur le Pelletier, Conſeiller ordinaire au Conſeil Royal, Controlleur General des Finances. SA MAJESTE' EN SON CONSEIL, Interpretant en tant que befoin feroit, ledit Arreſt du premier Février dernier, A Ordonne' & Ordonne, Que les Peaux de Veaux corroyées, qui feront apportées des Païs Etrangers dans le Royaume, Payeront pour tous Droits d'Entrée, Six livres de chaque douzaine de Peaux. Enioint Sa Majeſté à Maiſtre Pierre Dormegue, Fermier General des Cinq groſſes Fermes & au-

I ij

tres Unies, fes Procureurs, Commis & Prépofez, de Percevoir
lefdits Droits en entier, fans en faire aucune Compofition ny
Remife, à peine d'en répondre en leurs propres & privez noms :
Et aux Sieurs Intendans & Commiffaires Départis dans les Provinces & Generalitez du Royaume ; Mefme aux Juges des Fermes où ils font eftablis, de tenir la main à l'execution du prefent
Arreft. F A I T au Confeil d'Eftat du Roy, tenu à Verfailles, le
dixiéme jour de May mil fix cent quatre-vingt-neuf. Collationné. Signé, COQUILLE.

ARREST

DU CONSEIL D'ESTAT DU ROY,

Du quatorziéme Juin 1689.

QUI Ordonne qu'à l'avenir, il fera Levé & perçû pour
tous Droits d'Entrée, tant aux Bureaux des Cinq groffes
Fermes, qu'en ceux de la Doüanne de Lion & autres,
fur le Fil d'Or & d'Argent faux, Trait ou Filé, venant
des Païs Etrangers, Dix fols de chaque Marc.

Extrait des Regiftres du Confeil d'Eftat.

LE ROY voulant Regler également, les Droits qui fe
Levent au Bureau des Cinq groffes Fermes & de la Doüane de Lion, fur le Fil d'Or & d'Argent faux, trait ou filé, venant des Païs Etrangers, & mefme les augmenter en
faveur des Manufactures qui en font eftablies dans le Royaume : VEU les Tarifs arreftez, tant pour la Perception des
Droits des Cinq groffes Fermes, que pour ceux de la Doüanne
de Lion ; & Oüy le Rapport du Sieur le Pelletier, Confeiller
ordinaire au Confeil Royal, Controlleur General des Finances.
SA MAJESTE' EN SON CONSEIL, A Ordonné &
Ordonne qu'à l'avenir, à commencer du vingt du prefent mois,

il fera Levé & perçû pour tous Droits d'Entrées , tant aux Bureaux des Cinq groffes Fermes, qu'en ceux de la Doüanne de Lion, & autres Entrées du Royaume , fur le Fil d'Or & d'Argent faux, trait ou filé, venant des Païs Etrangers, Dix fols de chaque Marc. F A I T Sa Majefté Deffenfes à Maiftre Pierre Domergue, Adjudicataire des Cinq groffes Fermes & autres Unies, fes Commis & Prepofez, de faire aucune Remife ny Compofition dudit Droit, à peine d'en répondre en leur propres & privez noms. E N I O I N T aux Sieurs Intendans & Commiffaires Départis dans les Provinces & Generalitez du Royaume ; Enfemble aux Juges des Fermes où ils font eftablis, de tenir la main à l'execution du prefent Arreft. F A I T au Confeil d'Eftat du Roy, tenu à Verfailles, le quatorziéme jour de Juin mil fix cent quatre-vingtneuf. Collationné. Signé, COQUILLE.

A R R E S T

DU CONSEIL D'ESTAT DU ROY,

Du quatorziéme Juin 1689.

PORTANT , Qu'il fera Levé & perçû fur toutes les Dentelles de Fil d'Anvers , Bruxelles , Malines & autres Lieux de la Flandres Efpagnole & Païs Etrangers, venant dans la Flandres Françoife , la fomme de Quarante livres fur chaque livre pefant : Et que lefdites Dentelles Entreront durant la Guerre, par les Bureaux de Condé & de Menin.

Extrait des Regiftres du Confeil d'Eftat.

LE ROY ayant par Arreft de fon Confeil du quatorze Aouft 1688. Augmenté les Droits d'Entrée fur les Dentelles de Fil qui font apportées de la Flandres Efpagnole , & autres Païs Etrangers, dans la Flandres Françoife , jufqu'à la Somme de Quarante livres de chaque livre pefant ; Et Permis l'Entrée defdites Dentelles, par les Bureaux de Condé & de Rouffelars feulement. Voulant Regler par quels Bureaux lefdites Dentelles pourront entrer dans la Flandres Françoife, au lieu de celuy de Rouffelars, qui a efté Levé à caufe de la Guerre : Oüy le Rapport du Sieur le Pelletier, Confeiller ordinaire au Confeil Royal, Controlleur General des Finances. SA MAJESTE' EN SON CONSEIL, A Ordonné & Ordonne, conformément audit Arreft du quatorze Aouft 1688. Qu'il fera Levé & perçû fur toutes les Dentelles de Fil d'Anvers, Bruxelles, Malines & autres Lieux de la Flandres Efpagnole & Païs Etrangers, venant dans la Flandres Françoife, la Somme de Quarante livres fur chaque livre pefant ; Et que lefdites Dentelles Entreront durant la Guerre, par les Bureaux de Condé & de Menin, où elles Acquitteront les Droits d'Entrée, fur le pied Reglé par le prefent Arreft : A l'execution duquel, Sa Majefté Enjoint au Sieur Dugué de Bagnols, Confeiller d'Eftat, Intendant de Juftice, Police & Finances en Flandres, de tenir la main. FAIT au Confeil d'Eftat du Roy, tenu à Verfailles, le quatorziéme jour de Juin mil fix cens quatre-vingt-neuf. Collationné. Signé, COQUILLE.

A R R E S T

DU CONSEIL D'ESTAT DU ROY,

Du douziéme Juillet 1689.

PORTANT, Qu'à l'avenir il fera Levé & perçû, fur les Huilles qui feront apportées d'Efpagne, & autres Païs Etrangers, dans la Province de Languedoc, la Somme de Trois livres du Cent pefant ; Au lieu de Dix fols, portez par le Tarif de la Doüanne de Lyon.

Extrait des Regiftres du Confeil d'Eftat,

SUR ce qui a efté reprefenté au Roy en fon Confeil, par le Syndic General de la Province de Languedoc ;

Que les Diocefes de la Generalité de Montpellier, ne peuvent payer les Impofitions de leurs fonds de Terre, que des Huilles qu'ils recüeillent, dont ils ne trouvent prefque plus de Debit, depuis quelque temps, mefme en les donnant à vil pril ; Attendu qu'il en vient grande quantité d'Efpagne, & autres Païs Etrangers, à caufe de la Modicité des Droits, qu'ils payent à l'Entrée de la Province, qui ne font que de Dix fols par Quintal : Et comme pour faciliter la Confommation des Beures du Royaume, Sa Majefté a Ordonné, par Arreft de fon Confeil du quatre May 1688. que les Beures venans d'Angleterre & d'Irlande, payeront pour Droit d'Entrée Six livres du cent pefant; Ledit Syndic Requeroit qu'il pleuft à Sa Majefté, Ordonner femblablement que les Huilles qui feront apportées d'Efpagne & autres Païs Etrangers, dans la Province de Languedoc, payeront à l'Entrée de ladite Province, Six livres du cent pefant, au lieu de Dix fols qui fe Levent prefentement. VEU l'Avis du Sieur de la Moignon de Bafville, Confeiller d'Eftat, Intendant de Juftice, Police & Finance de Languedoc, du vingt-neuf May 1689. Oü y le Rapport du Sieur le Pelletier, Confeiller ordinaire au Confeil Royal, Controlleur General des Finances. LE ROY EN SON CONSEIL, Conformément à l'Avis dudit Sieur de Bafville, A Ordonné & Ordonne, Qu'à commencer du jour de la Publication du prefent Arreft, il fera Levé & perçû fur les Huilles qui feront apportées d'Efpagne, & autres Païs Etrangers, dans la Province de Languedoc, la Somme de Trois livres du cent pefant poids de Marc ; Au lieu de Dix fols portez par le Tarif de la Doüanne de Lyon. FAIT Sa Majefté Deffences à Maiftre Pierre Domergue, Adjudicataire General des Cinq groffes Fermes, & autres Unies, fes Commis, Procureurs & Prépofez, de faire aucune Compofition ny Remife dudit Droit, à peine d'en répondre en leurs propres & privez noms. ENJOINT audit Sieur de Bafville, de tenir la main à l'execution du prefent Arreft, qui fera Leu, publié & affiché par tout où il appartiendra, à ce qu'aucun n'en ignore. FAIT au Confeil d'Eftat du Roy, tenu à Verfailles, le douziéme jour de Juillet mil fix cens quatre-vingt-neuf. Collationné. Signé, RANCHIN.

ARREST

DU CONSEIL D'ESTAT DU ROY,

Du douze Juillet 1689.

QUI ORDONNE, qu'il fera Levé & perçû à l'Entrée des Villes & Lieux Conquis par Sa Majefté, és Païs-Bas, fur les Soyes ardaffes, teintes & torfes, venant tant de la Ville d'Anvers, que des autres Villes & Païs Etrangers, Quinze fols chaque livre pefant.

Extrait des Regiftres du Confeil d'Eftat.

LE ROY voulant favorifer les Manufactures eftablies en la Ville de Lille, pour teindre & tordre les Soyes ardaffes ; Et pour cet effet Impofer quelques Droits fur celles qui viennent, tant de la Ville d'Anvers & des autres Villes & Lieux de la Flandres Efpagnole, que des Païs Etrangers, en ladite Ville de Lille, & autres de la Domination de Sa Majefté és Païs-Bas. VEU le Tarif des Droits d'Entrée & de Sortie de Flandres, du treize juin 1671. Et Oüy le Rapport du Sieur le Pelletier, Confeiller ordinaire au Confeil Royal, Contrôlleur General des Finances, SA MAJESTE' EN SON CONSEIL, A Ordonné & Ordonne, Qu'à commencer du vingtiéme du prefent mois de Juillet, Il fera Levé & perçû à l'Entrée des Villes & Lieux Conquis par Sa Majefté, & qui luy ont efté Cedez és Païs-Bas, fur les Soyes ardaffes, teintes & torfes, venant, tant de la Ville d'Anvers & des autres Villes & Lieux de la Flandres Efpagnole, que des Païs Etrangers, Quinze fol de chaque livre pefant. FAIT Sa Majefté Deffences à Maiftre Pierre Domergue, Adjudicataire General des Cinq groffes Fermes & autres Unies, fes Procureurs, Commis, &

NOTA. *Par Arreft du 3. Juillet 1692. cy-aprés ; Il eft Ordonné que les Soyes & autres Marchandifes de Levant, venant au Port de Dunkerque, y payeront le Droit de 20 pour Cent de leur valeur.*

Prépofez,

Prépofez, de faire aucune Compofition ny Remife dudit Droit, à peine d'en répondre en leurs propres & privez noms. ENJOINT aux Sieurs Intendans en Flandres, de tenir la main à l'execution du prefent Arreft. FAIT au Confeil d'Eftat du Roy, tenu à Verfailles, le douziéme jour de Juillet mil fix cens quatre-vingt-neuf. Signé, RANCHIN.

ARREST
DU CONSEIL D'ESTAT DU ROY,
Du huitiéme Novembre 1689.

QUI ORDONNE, En Execution du Tarif du dix huit Avril 1667. & de l'Arreft du dix-huit Juin 1668. Que les Droits d'Entrée de Soixante Caiffes de Fayance d'Hollande, que le nommé le Grand, Marchand à Paris, a fait venir à Roüen, feront payez fur le pied de Vingt livres du Cent pefant ; Sans avoir égard à l'Arreft du trente Aouft 1678. ny à la Sentence de l'Election de Paris du fix Octobre dernier , que Sa Majefté a caffée, &c.

Extrait des Regiftres du Confeil d'Eftat.

SUR la Requefte prefentée au Roy en fon Confeil , par Pierre Domergue, Fermier General des Gabelles, & Cinq

NOTA. *L'Execution de cet Arreft, eft Ordonnée par un autre Contradictoire du Confeil, du onze Avril 1690 cy-aprés.*

Ledit Droit de 20. livres du Cent pefant , fur les Porcelaines & Fayance des Manufactures Etrangeres, eft encore Ordonné par Arreft du Confeil d'Etat du Roy, Sa Majefté y eftant , du 26. Février 1692.

Et par Arreft du 10. Juillet 1696. le même Droit de Vingt livres du Cent, eft encore Ordonné pour celles manufacturées en Hollande. Et ledit Arreft porte que les Fayances Manufacturées à Haguenau en Alface & autres, ne payeront à l'Eatrée que Dix livres du Cent pefant.

K

groſſes Fermes ; C O N T E N A N T, Qu'Alexandre le Grand Marchand à Paris, a fait venir à Roüen, dans les mois de Juillet & Aouſt de la preſente année, Soixante Caiſſes de Fayance de Hollande, à l'Adreſſe de François Juſtice, ſon Commiſſionnaire, dont il a prétendu ne devoir payer que Dix livres du Cent peſant, ſuivant le Tarif de 1664. Au lieu de Vingt livres que Domergue prétend, ſuivant l'Arreſt du Conſeil du dix-huit Juin 1668. Qui Rétablit au Tarif de 1667. l'Article obmis de la Fayance d'Hollande. A quoy ledit le Grand oppoſe un autre Arreſt du Conſeil, du trente Aouſt 1678. Par lequel Sa Majeſté, en conſideration du Traité de Nimegue, & pour marque du Rétabliſſement parfait des Eſtats des Provinces-Unies des Païs-Bas, dans ſes bonnes graces, a réduit en leur faveur, ſur le pied du Tarif de 1664. les Droits augmentez par celuy de 1667. Mais dautant que la Paix, en conſideration de laquelle l'Arreſt de 1678. avoit eſté accordé, ne ſubſiſte plus aujourd'huy, & doit eſtre cenſé Revoqué par la Declaration de la Guerre entre la France & la Hollande, le Tarif de 1667. doit eſtre executé. Cependant ledit le Grand s'eſtant pourvû en l'Election de Paris, y a obtenu une Sentence le ſixiéme Octobre 1689. Qui Ordonne, que conformément audit Tarif de 1664. & Arreſt de 1678. il ne ſera payé que Dix livres du Cent peſant deſdites Fayances : Ce qui oblige le Suppliant de ſe pourvoir vers Sa Majeſté, ſur une Matiere d'Eſtat, qui paſſe la Competance des Eſlûs, & ne peut eſtre traitée qu'en ſon Conſeil. A C E S C A U S E S, Requeroit qu'il plût à Sa Majeſté, Caſſer & annuller ladite Sentence, & Ordonner conformément audit Arreſt de 1668. qu'il ſera payé Vingt livres pour Cent peſant deſdites Soixante Caiſſes de Fayances, & le Tarif de 1667. executé. V E U ladite Requeſte, Les Tarifs Arreſts, & Sentences : Et O ü y le Rapport du Sieur Phelipeaux de Pontchartrain, Conſeiller ordinaire au Conſeil Royal, Contrôlleur General des Finances. LE ROY EN SON CONSEIL, A O R D O N N E' & Ordonne, Que le Tarif du dix-huit Avril 1667. & l'Arreſt du Conſeil du dix-huit Juin 1668. ſeront executez ſelon leur forme & teneur ; En conſéquence, ſans avoir égard à l'Arreſt du Conſeil du trente Aouſt 1678. ny à la Sentence de l'Election de Paris, du ſix Octobre 1689. (que Sa Majeſté a Caſſée & annullée) les Droits d'Entrée des Soixante Caiſſes de Fayance en queftion, feront payez fur le pied de Vingt livres du Cent pefant, en vertu du prefent Arreft, qui fera executé nonobftant Oppofitions & autres empefchemens quelconques, dont fi aucunes interviennent, Sa Majefté s'en referve à foy & à fon Confeil la Connoiffance, & icelle interdit à toutes fes Cours & autres Juges. FAIT au Confeil d'Eftat du Roy, tenu à Verfailles, le huitiéme jour de Novembre mil fix cens quatre-vingt-neuf. Collationné. Signé, DE LAISTRE.

ARREST

DU CONSEIL D'ESTAT DU ROY,

Du treiziéme Decembre 1689.

QUI ORDONNE, Que les Droits d'un Efcu, deux Efcus, & Trois livres, Ordonnez par les Arrefts des vingt-quatre Mars 1685. & vingt-cinq Janvier 1687. feront Levez & perçûs fur les Caftors en Peau & en Poil, qui viendront des Païs Etrangers, dans les Ports du Royaume Permis par iceux, mefme dans les Vaiffeaux qui feront prix par les Armateurs François.

Extrait des Regiftres du Confeil d'Eftat.

SUR la Requefte prefentée au Roy en fon Confeil, par Maiftre Pierre Domergue, Fermier General des Gabelles, Cinq groffes Fermes, Domaine d'Occident, & autres Fermes-Unies ; CONTENANT, Que par l'Arreft du Confeil du

NOTA. *Par Arreft du 17. Mars 1693. Il eft Ordonné qu'il fera Levé Huit livres, pour chacune livre pefant de Peaux de Caftor, y compris les Robes & morceaux : Et Quinze livres pour chaque livre pefant de Poil de Caftor, Entrant dans le Royaume, par les Bureaux y fpecifiez ; & ceux provenant des Prifes, &c.*

onze M.y 1675. Sa Majesté ayant Ordonné pour le bien & l'avantage des Colonies de la Ferme Septentrionale & Canada, de mettre en une seule main tout le Castor, pour l'acheter sur les Lieux & le debiter en France, à l'exclusion de tous autres ; Elle auroit compris cette faculté dans le Bail fait à Maistre Jean Oudiette, & successivement dans les Baux de Fauconnet & du Suppliant : Et pour empescher les abus qui se commettoient à l'Entrée du Castor des Païs Etrangers, Elle auroit restraint les Lieux par lesquels elle en a Permis l'Entrée, par l'Arrest du Conseil du vingt-quatriéme Mars 1685. Par lequel il a esté aussi Ordonné, qu'il sera reçû & levé par le Fermier des Cinq grosses Fermes & autres Unies, un Escu pour chacune livre pesant de Peaux de Castor, y compris les Robbes & Morceaux qui ne sont point en Peaux entieres ; & deux Escus sur chacune livre pesant de Poil de Castor, Entrant dans le Royaume, par les Bureaux de Roüen, Dieppe, le Havre & la Rochelle, outre & par dessus les Droits cy-devant establis ; Et que les Peaux & Poil Entrez par ailleurs que par lesdits Bureaux, seront Saisis & Confisquez. Et que par autre Arrest du vingt-cinquiéme Janvier 1687. il a esté Ordonné qu'il sera levé Trois livres, sur chacune livre pesant de Poil de Castor, outre & par dessus les Six livres portez par ledit Arrest du vingt-quatriéme Mars 1685. Entrans dans le Royaume par les Bureaux mentionnez au susdit Arrest ; Avec Deffenses de faire Entrer des Castors par autres lieux, à peine de Confiscation & de Quinze cens livres d'Amende pour la premiere Contravention, & de Trois mil livres pour la récidive. Mais dautant qu'à l'occasion de la Guerre, les Armateurs font des Prises où il se trouve desdites Peaux & Poil de Castor; lesquels lesdits Armateurs prétendent estre Exempts des susdits Droits, par la raison que Sa Majesté a bien voulu Exempter des Droits nouveaux, les Marchandises provenans desdites Prises; Le Suppliant qui a interest pour la conservation du Commerce de Canada, d'empescher les Versemens desdits Castors Etrangers dans le Royaume, qu'on pourroit faire par collusion, si cette prétention estoit autorisée, contre l'interest des Droits des Cinq grosses Fermes ; Et que l'intention du Roy, parmi les Graces qu'il a jugé à propos d'accorder aux Armateurs François, ne peut avoir esté de les Exempter des Droits sur les Castors qu'ils peuvent prendre sur les Ennemis, parce que cette Exemption ruïneroit la Vente des Caſtors de Canada ; joint que les Droits dont il s'agit, font partie de ceux du Bail dudit Fauconnet. A Ces Causes, Requeroit le Suppliant qu'il plût à Sa Majeſté ſurce luy pourvoir ; Ce faiſant, Ordonner que leſdits Arreſts des vingt-quatre Mars 1685. & vingt-cinq Janvier 1687. feront executez felon leur forme & teneur, & qu'en conféquence les Droits portez par iceux feront Levez & perçûs fur les Caſtors en Peau & en Poil, qui viendront des Païs Etrangers dans les Ports du Royaume permis, meſme dans les Vaiſſeaux qui feront pris par les Armateurs François. VEU par Sa Majeſté ladite Requeſte. Leſdits Arreſts du Conſeil des vingt-quatriéme Mars 1685. & vingt-cinquiéme Janvier 1687. Oüy fur ce le Rapport du Sieur Phelippeaux de Pontchartrain, Conſeiller ordinaire au Conſeil Royal, Contrôlleur General des Finances. LE ROY EN SON CONSEIL, ayant égard à ladite Requeſte, A Ordonné & Ordonne, Que leſdits Arreſts des vingt-quatre Mars 1685. & vingt-cinq Janvier 1687. feront executez ſelon leur forme & teneur ; Et en conféquence que les Droits portez par iceux, feront Levez & perçûs fur les Caſtors en Peau & en Poil, qui viendront des Païs Etrangers, dans les Ports du Royaume Permis par leſdits Arreſts, meſme dans les Vaiſſeaux qui feront Pris par les Armateurs François. Fait au Conſeil d'Eſtat du Roy, tenu à Verſailles le treiziéme jour de Decembre, mil ſix cens quatre-vingt-neuf. Collationné. Signé, DE LAISTRE.

ARREST

DU CONSEIL D'ESTAT DU ROY,

Du troisiéme Janvier 1690.

PORTANT, Qu'il sera Levé & perçû à toutes les Entrées du Royaume, sur les Cristaux venans des Païs Etrangers, la Somme de Quatre cens livres du Cent pesant, &c.

Extrait des Regiſtres du Conſeil d'Eſtat.

LE ROY estant informé qu'il Entre tous les ans dans le Royaume, une grande quantité de Cristaux venans des Païs Etrangers ; Ce qui porte préjudice aux Manufactures des Sujets de Sa Majesté, & donne lieu à la consommation des Sommes considerables, en ornemens superflus ; Et voulant y pourvoir : O ü y le Rapport du Sieur Phelypeaux de Pontchartrain, Conseiller ordinaire au Conseil Royal, Contrôlleur General des Finances. SA MAJESTE' EN SON CONSEIL, A Ordonné & Ordonne, Qu'à commencer du vingtiéme du present mois, il sera Levé & perçû à toutes les Entrées du Royaume, sur les Cristaux venans des Pais Etrangers, la Somme de Quatre cent livres du Cent pesant, au lieu de celle de Vingt-cinq livres portée par le Tarif du dix-huit Septembre 1664. FAIT Sa Majesté Deffenses à Maiſtre Pierre Domergue, Adjudicataire General des Cinq groſſes Fermes, & autres Unies, ſes Procureurs, Commis & Prépoſez, de faire aucune Compoſition ny Remiſe dudit Droit, à peine d'en répondre en leurs propres & privez noms. ENJOINT Sa Majesté aux Sieurs Intendans & Commiſſaires Départis dans les Provinces & Generalitez du Royaume ; Enſemble aux Juges des Fermes où il ſont eſtablis, de tenir la main à l'execution du preſent Arreſt. FAIT au Conseil d'Eſtat du Roy, tenu à Verſailles, le

rroifiéme jour de Janvier mil fix cens quatre-vingt-dix. Collationné. Signé, ROUILLET.

ARREST

CONTRADICTOIRE

DU CONSEIL D'ESTAT DU ROY,

Du onziéme Avril 1690.

QUI deboute le nommé le Grand, Marchand Fayancier,
de fa Requefte tendante afin de caffation de l'Arreft
du huitiéme Novembre 1689. Qui Ordonne que les
Fayances venant d'Hollande , payeront Vingt livres
du Cent pefant, &c.

Extrait des Regiftres du Confeil d'Eftat.

SUR la Requefte prefentée au Roy en fon Confeil, par
Alexandre le Grand, Maiftre Marchand Fayancier à Paris;
CONTENANT, Qu'auparavant la Declaration de la Guerre
contre les Hollandois, feulement Publiée le vingt-fix Novembre
1688. fur l'Avis que le Suppliant eut que Thomas le Gendre,
Marchand à Roüen, avoit des Paffeports pour faire venir d'Hollande, un Vaiffeau nommé Saint Marc l'Evangelifte, comme le
Suppliant y avoit plufieurs Effets, il donna Ordre à fon Commiffionnaire audit Païs, de charger fur ledit Vaiffeau, les Marchandifes de Fayance qu'il avoit pour fon compte ; Ce qu'il fit
jufqu'au nombre de foixante Caiffes, & arriverent à Roüen (fous
ledit Paffeport) au mois de Juillet 1689. Et comme les Commis de l'Adjudicataire des Cinq groffes Fermes, exigerent de
François Jufte, Commiffionnaire du Suppliant, des Soumiffions
de payer le Droit d'Entrée, à raifon de Vingt livres du Cent;

Au lieu de Dix livres qui en eft fimplement deu , & qui en a efté perçû jufqu'à prefent ; preffé par fa Soumiffion de payer, Somma le Suppliant de prendre fon Fait & Caufe , même de faire ceffer la Demande du Fermier, & l'Affigner en l'Election de Paris à cét effet : Ce qui obligea le Grand de mettre en Caufe ledit Adjudicataire, & offrit le Droit fur le pied du Tarif de 1664. Confirmé par Arreft du Confeil du trente Aouft 1678. qui avoit efté executé jufques alors fans Contredit ; Et par Sentence Contradictoire du fix Octobre dernier, fur les Conclufions du Procureur de Sa Majefté , il a efté Ordonné que le Droit d'Entrée feroit feulement payé fuivant lefdits Offres : Contre laquelle il n'y avoit que la voye de l'Appel à la Cour des Aydes , fuivant l'Ordonnance de 1680. Cependant, & bien que ladite Sentence fût conforme à cette Loy Efcrite. Neanmoins ledit Adjudicataire s'eft pourvû au Confeil ; où taifant les Paffeports, & que ledit Suppliant eftoit un Marchand Fayancier, qui avoit pû faire charger lefdites Marchandifes pour fon Compte, lequel n'étoit tenu que de payer le Droit d'Entrée fur le pied ancien, à quoy il n'avoit efté alors dérogé par aucun Arreft ou Reglement contraire , & que la Regie avoit efté faite fur ledit pied fixe de Dix livres du Cent ; Et fe fervant d'un prétendu Tarif de l'année 1667. qui n'a pas eu lieu, fuppofant encore (à correction) que ledit Tarif de 1664. & Arreft du Confeil de 1678. avoient efté Revoquez par la Declaration de la Guerre de 1688. Ce qui n'eft pas, & eft decidé par la lecture de l'Ordonnance de Sa Majefté qui n'en parle point du tout ; A fait cependant rendre fur fa Requefte, le huitiéme de Novembre dernier, un Arreft portant l'execution dudit Tarif du dix-huit Avril 1667. & de l'Arreft du dix-huit Juin 1668. à commencer du quinze Aouft fuivant ; Et en conféquence, fans avoir égard à celuy du trente Aouft 1678. Ny à la Sentence de l'Election qui eft caffée & annullée, le Suppliant condamné de payer ledit Droit d'Entrée defdites foixante Caiffes de Fayance en queftion, fur ledit pied de Vingt livres du Cent pefant, en vertu dudit Arreft, qui fera executé nonobftant Oppofitions ou autres empefchemens quelconques , dont fi aucuns interviennent , Sa Majefté s'en eft refervé la Connoiffance, & icelle interdite à toutes fes autres Cours & Juges ; Lequel Signifié audit le Grand le feize Novembre,

a efté

a esté necessité d'y former Opposition, laquelle doit estre favorablement reçeuë. Dans la forme, l'on a teû sa qualité de Fayancier, qui luy donne la liberté de faire venir pour son Compte, toutes sortes de Marchandises de Fayance ; Lesdites Soixante Caisses estoient des effets à luy appartenans, & qui étoient achetez en Hollande, auparavant la Declaration de la Guerre ; Elles ont esté chargées sur un Vaisseau Hollandois, avec Passeport accordé audit le Gendre, depuis la Declaration de la Guerre, en consideration de sa conversion. Extrait du Greffe de l'Amirauté, au Siege du Havre de Grace, le treize Juillet dernier. Ce Fait estant décisif, il falloit entendre le Suppliant, & luy Communiquer la Requeste ; Ainsi dans la forme ladite Opposition est reguliére, suivant l'Ordonnance & les Reglemens du Conseil, demandent la Signature d'un Avocat en iceluy à peine de nullité. Au Fond les precedens Fermiers ayant fait payer jusques à present, sur le pied du Tarif de 1664. & Arrest du Conseil de 1678. & l'Ordonnance du Roy de 1668. ne Revoquant ny l'un ny l'autre, le Suppliant ne peut estre contraint à plus grande Somme aujourd'huy, n'y ayant au temps de ses Offres rien qui pût produire cette Augmentation de moitié. Il a fait venir ses Marchandises sur la foy Publique, suivant l'Usage & la Regie de Domergue Adjudicataire, de maniere qu'il n'a pû prétendre au delà ; Que si par l'Arrest du huit Novembre la Loy a changé, cela aura son effet pour l'avenir, mais non pas pour le passé, comme il est Reglé par l'Arrest du dix-huit Juin 1668. qui a accordé deux mois de surséance à son execution. En effet, il ne seroit pas juste qu'il perdit seize cens livres contre cét Usage certain, & dans le temps de l'execution constante desdits Tarifs de 1664. & Arrest du Conseil de 1678. Confirmatif ; autrement le Suppliant seroit entierement ruïné & sans resource : C'est pourquoy il a recours à la Justice du Conseil, pour luy estre sur ce pourvû. A CES CAUSES, Requeroit le Suppliant qu'il pleust à Sa Majesté, le recevoir Opposant audit Arrest, en ce qu'il le condamne à payer le double Droit d'Entrée desdites Soixante Caisses de Fayances pour le passé ; Et faisant droit sur ladite Opposition, le Décharger purement & simplement, ensemble ledit Commissionnaire, de toutes Soûmissions, conformément à ladite Sentence des Elûs du six Octobre 1689.& condamner ledit Domergue, à rendre & restituer ce qu'il a pû toucher dudit Justice, avec dépens. VEU la Requeste du Suppliant

L

Signée de luy, & d'Heulland son Avocat au Conseil, & les Pieces
justificatives de ladite Requête. La Réponse fournie par ledit Domergue : Et Oüy le Rapport du Sieur Phelipeaux de Pontchartrain, Conseiller ordinaire au Conseil Royal, Contrôlleur General des Finances. LE ROY EN SON CONSEIL, sans
s'arrester à ladite Requeste, dont Sa Majesté a Debouté & Debouté
ledit le Grand, A ORDONNE' & Ordonné, Que ledit Arrest
du huitiéme Novembre 1689. sera executé selon sa forme & teneur.
FAIT au Conseil d'Estat du Roy, tenu à Versailles, le onziéme
jour d'Avril mil six cens quatre-vingt-dix. Collationné. Signé,
COQUILLE.

ARREST

DU CONSEIL D'ESTAT DU ROY;

Du vingt-cinquiéme Avril 1690.

PORTANT, Qu'il sera Levé aux Entrées du Royaume,
tant par Mer, que par Terre, sur tous les Sucres Rafinez
en Pain & en Poudre, Candis blanc & brun venans des
Païs Etrangers, Vingt-deux livres dix sols du Cent
pesant ; Sur les Cassonnades du Brezil, Quinze livres ;
Sur les Mascoüades, Sept livres dix sols ; Et sur les
Barboudes, Panelles & Sucres de S. Thomé, Six livres
du Cent pesant, &c.

Extrait des Registres du Conseil d'Estat.

LE ROY estant Informé, qu'il vient tous les ans dans
le Royaume, une grande quantité de Sucres Rafinez &

NOTA. *Cét Arrest-cy est confirmé par un autre, du 13. Juin 1690. cy-
aprés.*

autres des Païs Etrangers, dont la Confommation caufe un préjudice notable, tant au Debit des Sucres des Colonies Françoifes de l'Amerique, que de ceux des Rafineries du Royaume : Et Sa Majefté voulant favorifer le Commerce des Sucres defdites Colonies, & leur donner dans toute l'étenduë de fon Royaume, la Préférance qu'ils y doivent avoir fur ceux des Païs Etrangers. VEU l'Arreft du quinziéme Janvier 1671. Portant Reglement pour les Droits qui doivent eftre Levez aux Entrées du Royaume, fur les Sucres Etrangers ; Et Oüy le Rapport du Sieur Phelippeaux de Ponchartrain, Confeiller ordinaire au Confeil Royal, Contrôlleur General des Finances. SA MAJESTE' EN SON CONSEIL, A Ordonné & Ordonne, Qu'à commencer du quinziéme May prochain, il fera Levé à toutes les Entrées du Royaume, tant par Mer que par Terre, dans les Bureaux qui font ou feront pour ce eftablis, fur tous les Sucres Rafinez, en Pain ou en Poudre, Candis blancs & bruns venans des Païs Etrangers, Vingt-deux livres dix fols du Cent pefant; Sur les Caffonnades blanches ou grifes, fines ou moyennes, venant du Brefil, Quinze livres auffi du Cent pefant; Sur les Mafcoüades du mefme Païs, Sept livres dix fols; Et fur les Barboudes, Panelles & Sucres de S. Thomé, Six livres du Cent pefant; Lefquelles Droits feront auffi perçûs fur les Sucres des Païs Etrangers, qui Entreront par les Ports de Marfeille & Dunkerque, mefmes par les Ports & Havres de la Province de Bretagne. ORDONNE neanmoins Sa Majefté, Que les Sucres Etrangers, que les Negocians voudront faire paffer aux Païs Etrangers, feront receus par forme d'Entrepoft, dans les Ports de Marfeille, Dunkerque, S. Malo, Nantes, & Bayonne, fans payer aucuns Droits; A condition que lefdits Sucres feront declarez aux Commis de l'Ajudicataire des Cinq groffes Fermes, à l'inftant de leur arrivée, & mis en Entrepoft dans un Magazin qui fera choifi pour cét effet, & fermé à deux Serrures & Clefs differentes, l'une defquels fera donnée en garde au Commis du Fermier, & l'autre fera remife entre les mains de celuy qui fera pour ce Prépofé par les Marchands; Sans que lefdits Sucres puiffent eftre rechargez, que pour eftre tranfportez hors du Royaume, qu'en prefence du Commis des Cinq groffes Fermes, qui en délivrera un Acquit à Caution, fous la Declaration & Soumiffion des Marchands, de rap-

L ij

porter Certificat de la Décharge des Sucres dans les Lieux pour lefquels ils les auront declarez, à peine de Confifcation & de Quinze
cens livres d'Amende. F A I T Sa Majefté Deffenfes à Maiftre Pierre Domergue, Adjudicataire General des Cinq groffes Fermes & Entrées de France, fes Procureurs, Commis & Prépofez, de faire aucune Remife ny Compofition defdits Droits, à peine d'en répondre en leurs propres & privez noms. E T E N J O I N T aux Sieurs
Intendans & Commiffaires Départis dans les Provinces & Generalitez du Royaume, de tenir la main à l'execution du prefent
Arreft, qui fera Leu, publié & affiché par tout où befoin fera, &
executé nonobftant toutes Oppofitions & autres empefchemens
quelconques, dont fi aucunes interviennent, Sa Majefté s'en referve
à foy & à fon Confeil la Connoiffance, & icelle interdit à toutes fes
Cours & Juges. F A I T au Confeil d'Eftat du Roy, tenu à Marly,
le vingt - cinquiéme jour d'Avril mil fix cens quatre - vingt - dix.
Signé, C O Q U I L L E.

ARREST

DU CONSEIL D'ESTAT DU ROY,

Du treiziéme Juin 1690.

QUI ORDONNE, Que les Arrests des quinze Janvier 1671. & vingt cinq Avril dernier, Concernant les Droits des Sucres Etrangers Entrans dans le Royaume, feront executez : Et à l'égard des Sucres Bruts des Ifles Françoifes de l'Amerique, Rafinez à Bordeaux , qui feront tranfportez hors du Royaume, par l'étenduë des Doüannes de Lyon & Valence , ils y pafferont fans payer aucuns Droits ; Et en cas de Séjour, Confommation ou Commerce, dans l'étenduë defdites Doüanes , ils Acquitteront les Droits d'icelles, &c.

Extrait des Regiſtres du Conſeil d'Eſtat.

SUR la Requefte prefentée au Roy en fon Confeil, par Maiftre Pierre Domergue , Fermier General des Gabelles, Cinq groffes Fermes & autres Droits y joints ; CONTENANT, Que Par Arreft du Confeil en forme de Reglement du troifiéme Juin 1671. Il a efté entr'autres chofes Ordonné, Que les Sucres Bruts des Jfles Françoifes de l'Amerique, Raffinez à Bordeaux, qui feront Voiturez de ladite Ville au travers du Royaume, pour aller à l'Etranger, & pafferont par les Bureaux des Cinq groffes Fermes, Doüanes de Lyon, & de Valence, & autres, n'y payeront aucuns Droits de Sortie, Peage & Paffage ; A condition qu'ils ne feront aucun Séjour, & en faifant par les Marchands & Conducteurs leur Declaration du Lieu de la deftination defdits Sucres, au premier Bureau defdites Fermes où ils pafferont : Au moyen dequoy les Su-

L iij

cres defdites Ifles Rafinez à Bordeaux, Entrans dans l'étenduë de la Doüane de Valence, pour y eftre Confommez, ou Vendus & Commercez, font fujets aux Droits de ladite Doüane, de mefme que les Sucres Raffinez à Marfeille, lefquels les payent inconteftablement, enfemble les Droits de toutes les autres Fermes par où ils Paffent ou Entrent, pour la Confommation, ou Commerce dudit Royaume. Cependant les nommez la Croix & Trudon, Marchands Raffineurs à Bordeaux, ont obtenu Arreft du Confeil, le vingt-fix Octobre 1688. Portant que les Droits de la Doüane de Valence, receus defdits Marchands, par Fauconnet precedent Fermier, pour les Sucres des Ifles Françoife de l'Amerique, Rafinez à Bordeaux, Entrez dans l'étenduë de ladite Doüane, leur feront rendus, fous pretexte que lefdits Sucres avoient payé les Droits à l'Entrée du Royaume ; Et fur le fondement d'un Arreft precedent du feize Juin 1685. obtenu par le nommé Haicnftede, Marchand de Bordeaux, Portant reftitution des Droits de la Doüane de Lyon, par luy payez pour les Sucres defdites Ifles, par luy Rafinez à Bordeaux, & Entrez dans l'étenduë de la Doüane de Lion, attendu les Droits d'Entrée payez à Bordeaux par lefdits Sucres, à leur arrivée des Ifles Françoifes de l'Amerique ; Ladite reftitution accordée fur un Arreft du Confeil du quinze Janvier 1671. Portant Reglement des Droits Impofez fur les Sucres Etrangers Entrans dans le Royaume, par les Bureaux de ladite Doüane de Lyon ; Lequel Arreft porte que dans lefdits Droits d'Entrée, font compris les Droits ordonné eftre levez en chacun defdits Bureaux fur lefdits Sucres ; Surquoy ledit Hacinftede ayant juftifié du payement des Droits d'Entrée à Bordeaux, pour lefdits Sucres, il auroit efté déchargé de ceux exigez encore à leur Entrée à Lyon, Et ce contre l'intention expreffe dudit Arreft du quinze Janvier 1671. qui n'eft rendu que pour le fait des Sucres Etrangers, & non pour ceux des Ifles Françoifes de l'Amerique, Rafinez dans le Royaume, defquels il s'agit ; Lefquels fuivant le fufdit Arreft du trois Juin 1671. ne font Exempts, comme dit eft, du Droit de Sortie, Peage & Paffage dans le Royaume, qu'en cas de Tranfit & Declaration pour les Païs Etrangers. Cependant les Marchands Rafineurs de ladite Ville de Bordeaux, abufans de la furprife defdits Arrefts des vingt-fix Juin 1685. & vingt-fix Octobre 1688. contre l'intention defdits Reglemens des quinze Janvier & trois Juin 1671. conteftent & fruftrent journellement les Droits qu'ils doivent à leur Entrée, dans l'étenduë de la Doüane de Valence, & de la Doüane de Lyon; Attendu que lefdits Sucres reftans dans le Païs pour y eftre Confommez & mis en Commerce, doivent les Droits defdites Doüanes, en conféquence dudit Arreft du Confeil du trois Juin 1671. qui ne décharge lefdits Sucres defdits Droits, qu'au cas de deftination & Tranfport d'iceux à l'Etranger. A quoy eftant neceffaire de pourvoir par Sa Majefté, par une expreffe explication de fes intentions, au fujet defdits Droits de Doüane, deûs pour les Sucres des Ifles Françoifes de l'Amerique, Rafinez dans le Royaume, qui s'y tranfportent & Voiturent, pour y eftre Vendus & Confommez; & qui ne paffent point à l'Etranger : A CES CAUSES, Requeroit le Suppliant, qu'il plût à Sa Majefté fur ce luy pourvoir; Et interpretant en tant que befoin eft ou feroit ledit Arreft du quinze Janvier 1671. rendu fur le Fait des Sucres Etrangers, & Confirmant celuy du troifiéme Juin 1671. rendu fur le Fait des Sucres des Ifles Françoifes de l'Amerique, qui feront Rafinez à Bordeaux, & tranfportez à l'Etranger, Ordonner que les Droits portez par ledit Arreft du quinze Janvier 1671. feront continuez d'eftre perçûs fur lefdits Sucres Etrangers, en la maniere accouftumée. Et à l'égard des Sucres Bruts des Ifles Françoifes de l'Amerique, qui feront Rafinez à Bordeaux, & tranfportez hors le Royaume, qu'ils ne payeront autres Droits que ceux qu'ils auront payez à l'Entrée du Royaume : Et en cas de Séjour, Confommation ou Commerce d'iceux, dans l'étenduë des Doüanes de Lyon & Valence, qu'ils feront tenus de payer les Droits defdites Doüanes. VEU par Sa Majefté ladite Requefte. Les Arrefts du Confeil des quinze Janvier, & trois Juin 1671. quinze Septembre 1674. trente-un Mars 1675. vingt-fix Juin 1685. & vingt-fix Octobre 1688. Enfemble celuy du vingt-cinq Avril 1690. touchant les Droits d'Entrée fur les Sucres Etrangers: Oüy fur ce le Rapport du Sieur le Peletier, Confeiller d'Eftat ordinaire, Intendant de fes Finances. LE ROY EN SON CONSEIL, A Ordonné & Ordonne, Que les Arrefts rendus en iceluy les quinze Janvier 1671. & vingt-cinq Avril dernier, Concernant les Droits qui doivent eftre Levez fur les Sucres Etrangers Entrans dans le Royaume, feront executez felon leur forme & teneur. Et à l'égard des Sucres Bruts des Ifles Françoifes de l'Amerique, Rafinez à Bordeaux, ORDONNE Sa Majefté, Conformément à l'Arreft dudit Confeil du troifiéme Juin

1671. & iceluy interpretant en tant que befoin feroit, Que lefdits
Sucres Rafinez à Bordeaux, qui feront tranfportez hors du Royaume, par l'étenduë des Doüanes de Lyon & de Valence, y pafferont
fans payer aucuns Droits : Et qu'en cas de Séjour, Confommation
ou Commerce defdits Sucres dans l'étenduë defdites Doüanes, ils
Acquitteront les Droits d'icelles. En j o i n t Sa Majefté aux Sieurs
Intendans & Commiffaires départis dans l'étenduë defdites Fermes,
de tenir la main à l'execution du prefent Arreft. F a i t au Confeil
d'Eftat du Roy, tenu à Verfailles, le treiziéme jour de Juin mil fix
cens quatre-vingt-dix. Signé, C O Q U I L L E.

ARREST

DU CONSEIL D'ESTAT DU ROY,

Du vingt-fix Juin 1691.

QUI Ordonne, Qu'il fera Levé & perçû Douze fols
de la Groffe de douze douzaines de Pipes à Tabac,
venans des Païs Etrangers, & Entrans dans les Provinçes
de Languedoc, Provence, & Dauphiné ; Au lieu des
Deux fols fix deniers qu'elles payoient cy-devant.

Extrait des Regiftres du Confeil d'Eftat.

LE R O Y voulant favorifer, les Manufactures de Pipes
à Tabac eftablies dans les Provinces de Languedoc, Provence, & Dauphiné ; Et pour cet effet augmenter les Droits d'Entrée, de celles qui font apportées des Païs Etrangers dans lefdites
Provinces : O ü y le Rapport du Sieur Phelypeaux de Pontchartrain,
Confeiller ordinaire au Confeil Royal, Contrôlleur General des Finances. S A M A J E S T E' E N S O N C O N S E I L, A Ordonné
& Ordonne, Qu'à l'avenir, à commencer du quinziéme Juillet prochain, il fera Levé & perçû fur les Pipes à Tabac, tant grandes que

petites

petites, venans des Païs Etrangers, & Entrans dans les Provinces de Languedoc, Provence, & Dauphiné, Douze fols de la Groſſe de douze douzaines ; Au lieu des Deux fols fix deniers qu'elles payoient cy-devant. F A I T Sa Majeſté Deffenſes à Maiſtre Pierre Domergue, Adjudicataire General des Cinq groſſes Fermes, & Entrées du Royaume, ſes Procureurs & Commis, de faire aucune Moderation deſdits Droits, à peine d'en répondre en leur propres & privez noms. E N I O I N T aux Sieurs Intendans eſdites Provinces, de tenir la main à l'execution du preſent Arreſt. F A I T au Conſeil d'Eſtat du Roy, tenu à Verſailles, le vingt-fixiéme jour de Juin mil fix cens quatre-vingt-onze. Collationné. Signé, R A N C H I N. pour l'abſence de M. Coquille.

DECLARATION
DU ROY,

Du vingt-quatriéme Juillet 1691.

Q U I Declare le Poiſſon de Mer frais, ſec & ſallé, Entrant dans la Province d'Anjou, ſujet au Droit de Conſommation, ainſi qu'il l'eſt au Droit d'Abord : Excepté celuy qui ſera Declaré pour la Ville de Paris.

Regiſtrée en la Cour des Aydes.

L OUIS par la Grace de Dieu, Roy de France & de Navarre : A tous ceux qui ces Preſentes Lettres verront, Salut. P A R noſtre Declaration du ſeize Février 1635. Nous avons declaré ſujet à nos Droits d'Abord & de Conſommation, le Poiſſon de Mer, frais, ſec & ſallé, dans les Provinces du Reſſort de nos Parlemens & Cours des Aydes de Paris & Roüen : Et quoy que nos Fer-

M

miers en ayent joüi fans conteftation, dans nos Provinces de Normandie, Picardie & Anjou ; Neanmoins parce que noftre Ordonnance du mois de Juillet 1681. ne fait mention pour les Droits de Confommation, que de nos Provinces de Normandie & Picardie, on a pris occafion de douter que noftre Province d'Anjou y foit fujette ; A quoy eftant neceffaire de pourvoir. A Ces Causes, de l'Avis de noftre Confeil, & de noftre certaine Science, pleine Puiffance & Autorité Royale, Interpretant en tant que befoin eft ou feroit, les Articles de noftredite Ordonnance du mois de Juillet 1681. Concernant les Droits d'Abord & de Confommation. NOUS AVONS Declaré, par ces Prefentes fignées de noftre main, Voulons & Nous plaift, Que le Poiffon de Mer, frais, fec & fallé, Entrant dans noftre Province d'Anjou, par la Riviere de Loire, ou par Terre, pour y eftre Confommé ou tranfporté ailleurs, foit fujet au Droit de Confommation, ainfi qu'il l'eft au Droit d'Abord : Excepté le Poiffon qu'il fera declaré pour noftre bonne Ville de Paris ; Le tout conformément à noftre Ordonnance du mois de Juillet 1681. que Nous Voulons eftre executée felon fa forme & teneur. Si Donnons en Mandement à nos Amez & feaux Confeillers, les Gens tenans noftre Cour des Aydes de Paris, que ces Prefentes ils ayent à Enregiftrer, & le contenu en icelles faire executer felon leur forme & teneur, ceffant & faifant ceffer tous troubles & empefchemens au contraire ; Car tel eft noftre plaifir. En témoin dequoy Nous avons fait mettre noftre Scel à cefdites Prefentes. Donne' à Verfailles, le vingt - quatriéme jour de Juillet, l'An de grace mil fix cens quatre-vingt-onze ; Et de noftre Regne le Quarante-neuviéme. Signé, LOUIS. *Et plus bas*, Par le Roy, Phelypeaux. Et Scellé.

Regiftrée en la Cour des Aydes, Oüy, ce requerant & confentant le Procureur General du Roy, pour eftre executées felon leur forme & teneur : Et Ordonné que Copies Collationnées des Prefentes, feront inceffamment à la diligence du Procureur General du Roy, envoyées és Sieges des Eflections & Greniers à Sel de la Province d'Anjou, pour y eftre Leuës, Publiées & Regiftrées, à l'Audience tenant. Enjoint aux Subftituts efdits Sieges, d'y tenir la main, & de Certifier la Cour de leurs diligences au mois. A Paris, les Chambres affemblées, le quatriéme jour d'Aouft mil fix cens quatre-vingt onze. Signé, DU MOLIN.

DECLARATION
DU ROY,

Du vingt-quatriéme Juillet 1691.

QUI Regle les Droits qui feront payez, pour l'Entrée des Chevaux, Jumens, Poulains, Mules & Mulets, à Vingt livres, Douze livres, & Quatre livres ; Suivant les Prix qui feront faits par les Declarations, aux Bureaux de Picardie, Soiffonnois, Champagne & Bourgogne.

Regiftrée en la Cour des Aydes.

LOUIS par la grace de Dieu, Roy de France & de Navarre : A tous ceux qui ces prefentes Lettres verront, Salut. PAR le Tarif du dix - huit Septembre 1664. Nous avons Ordonné qu'il fera payé à l'Entrée des Chevaux, qui viendront des Païs Etrangers, Trois livres fur les Jumens, Poulains, Mules & Mulets, au deffus d'un an jufques à deux ; Et ceux au deffous Quarante fols. Sur les Jumens, petits Chevaux, Poulains & Mulets pour le Labour, au deffus de trente écus, Quatre livres ; & au deffous, Trois livres. Sur les Chevaux d'Angleterre, d'Allemagne & autres Païs, & au deffus de trente écus, Vingt livres ; & ceux de trente écus & au deffous, Trois livres. Et ayant efté Informez que l'eftimation du prix, & leur deftination foit au Labour ou à autre ufage, fait naiftre tous les jours des Conteftations entre les Marchands ou Conducteurs, & les Fermiers de nos Droits ; Nous avons Permis à Maiftre Pierre Domergue, par l'Article CCXXXII. du Bail à luy fait le dix-huit Mars 1687. de retenir pour le prix declaré, les Chevaux

M ij

qui feront declarez au deffous de Quatre-vingt-dix livres, fi mieux n'aiment les Conducteurs en Acquitter les Droits, comme de ceux au deffus de Quatre-vingt-dix livres; Mais cette difpofition n'ayant point encore efté obfervée, & voulant pourvoir par une Fixation de Droits, proportionnée à la valeur la plus ordinaire des Chevaux, à ce qu'il n'y ait plus d'abus : A Ces Causes, de l'Avis de noftre Confeil. NOUS AVONS Dit & Declaré , Voulons & Nous plaift , Que les Chevaux , Jumens, Poulains, Mules Mulets , Entrant par les Provinces de Picardie, Soiffonnois, Champagne & Bourgogne, de quelque Païs qu'ils viennent, & à quoy qu'ils puiffent eftre deftinez ; Payent, Sçavoir, ceux qui feront declarez de valeur de Six vingt livres & au deffus, Vingt livres ; Ceux de valeur depuis Quatre-vingt livres jufqu'à fix vingt livres, Douze livres ; Et ceux au deffous de quatre-vingt livres , Quatre livres : Et à cét effet feront tenus les Marchands & Conducteurs de Chevaux, Jumens, Poulains, Mules & Mulets, de faire & figner leur Declaration par le détail, fur les Regiftres du Fermier de nos Droits, & de mettre le Prix fur lequel ils pretendront payer les Droits pour chaque piece : Et il fera à fon choix & de fes Commis de recevoir les Droits fur ce pied, ou de retenir ceux des Chevaux, Poulains, Mules & Mulets declarez au deffous de Six vingt livres , en payant comptant le prix contenu en la Declaration ; Sans que les Marchands & Conducteurs puiffent s'empefcher d'en faire la délivrance , fous pretexte d'en payer les Droits fur le pied du haut prix; Et fans auffi que noftre Fermier puiffent contefter la Declaration. Si Donnons en Mandement à nos Amez & feaux Confeillers, les Gens tenans noftre Cour des Aydes de Paris, que ces Prefentes ils ayent à Enregiftrer, & le contenu en icelles faire executer felon leur forme & teneur, ceffant & faifant ceffer tous troubles & empefchemens au contraire ; Car tel eft noftre plaifir. En témoin dequoy Nous avons fait mettre noftre Scel à cefdites Prefentes. Donne' à Verfailles, le vingt-quatriéme jour de Juillet, l'An de grace mil fix cens quatre-vingt-onze ; & de noftre Regne le Quarante-neuviéme. Signé, LOUIS. *Et plus bas*, Par le Roy, Phelypeaux. Et Scellé.

Regiftrées en la Cour des Aydes, Oüy, ce requerant & confentant le

*Procureur General du Roy; Pour estre executées selon leur forme & teneur,
& que Copies Collationnées desdites Lettres, en feront inceffamment envoyées és Sieges des Eslections des Generalitez de Picardie, Soiffonnois &
Champagne, à la diligence du Procureur General du Roy, pour y estre
Leuës, Publiées & Regiftrées, l'Audience tenant : Enjoint aux Subftituts
dudit Procureur General du Roy efdits Sieges, d'y tenir la main, & de Certifier la Cour de leurs diligences au mois. A Paris, les Chambres affemblées, le quatriéme jour d'Aouft mil fix cens quatre-vingt-onze.* Signé,
DU MOLIN.

ARREST

DU CONSEIL D'ESTAT DU ROY,

Du vingt-un Aouft 1691.

QUI Efteint & Supprime les Droits de Six & Douze livres,
qui ont efté Levez jufqu'à prefent, au profit du Sur-
Intendant des Arts & Manufactures de France, fur les
Tapifferies venans des Païs Etrangers : Et Permet à
toutes perfonnes de faire Entrer defdites Tapifferies dans
le Royaume, en payant le Double des Droits portez
par le Tarif du dix-huit Septembre 1664. &c.

Extrait des Regiftres du Confeil d'Eftat.

LE ROY s'eftant fait reprefenter en fon Confeil, les
Lettres Patentes du vingt Mars 1659. & l'Arreft du
Confeil du vingt-quatre Avril 1664. Par lefquels Sa Majefté, auroit accordé au Sur-Intendant des Arts, & Manufactures
de France, la Faculté de faire Entrer tous les ans dans le Royaume,
jufqu'à la quantité de Deux cens vingt-cinq Tentures de Tapifferies
des Païs Etrangers, de differentes fortes ; Avec deffenfes à toutes autres Perfonnes d'en faire Entrer, ny en faire Commerce, que fous le

Benefice du Paſſeport general expedié audit Sur-Intendant, & ſur ſes Congez, à peine de Confiſcation. Comme auſſi le Tarif des Droits d'Entrée & Sortie du Royaume, arreſté au Conſeil, le dix-huit Septembre 1664. Suivant lequel il paroiſt que l'Entrée des Tapiſſeries de Manufactures Etrangeres, a eſté Permiſe indéfiniment à toutes ſortes de Perſonnes, en payant les Droits portez par ledit Tarif. Depuis lequel, au lieu par le Sur-Intendant des Arts & Manufactures, d'uſer de la Faculté à luy accordée par leſdites Lettres Patentes de 1659. & Arreſt du Conſeil, du vingt-quatre Avril 1664. Il auroit eſté receu à ſon Profit, ſur les Tapiſſeries venant des Païs Etrangers, vieilles ou neuves, Douze livres pour chaque Piece de Tapiſſerie d'Hauteliſſe, & Six livres pour chaque Piece de Verdure. Et Sa Majeſté voulant Supprimer leſdits Droits, & laiſſer la liberté entiere de l'Entrée deſdites Tapiſſeries de Manufactures Etrangeres ; & neanmoins donner une préférence à celles Eſtablies en France, qui puiſſe les rendre plus Floriſſantes : O ü y le Rapport du Sieur Phelipeaux de Pontchartrain, Conſeiller ordinaire au Conſeil Royal, Controlleur General des Finances. SA MAJESTE' EN SON CONSEIL, A ORDONNE' & Ordonne, Qu'à commencer du jour de la Publication du preſent Arreſt, les Droits de Six livres, & Douze livres, qui ont eſté Levez juſqu'à preſent, au profit du Sur-Intendant des Arts & Manufactures de France, ſur chaque Piece de Tapiſſerie d'Hauteliſſe, & Verdures, neuves ou vieilles venant des Païs Etrangers, demeureront Eſteints & Supprimez. PERMET Sa Majeſté à toutes ſortes de Perſonnes, de faire Entrer deſdites Tapiſſeries dans le Royaume, ſoit pour leur uſage, ou pour en faire Commerce, en payant ; Sçavoir, pour les Tapiſſeries d'Audenarde vieilles & neuves, & autres Lieux de Flandres, excepté Anvers & Bruxelles, Cent vingt livres du cent peſant ; au lieu de Soixante livres portez par le Tarif du mois de Septembre 1664. Pour les Tapiſſeries vieilles & neuves d'Anvers, & Bruxelles, Deux cens quarante livres du cent peſant ; au lieu de Cent vingt livres portez par ledit Tarif. Et pour les Tapiſſeries des ſuſdits Lieux, rehauſſées de Soye, Or & Argent, ſuivant leſtimation de leur valeur, à raiſon de Vingt pour Cent ; au lieu des Dix pour Cent portées par le meſme Tarif de 1664. A la charge par Maiſtre Pierre Domergue, Fermier General des

Cinq groffes Fermes & autres Unies, de Compter au profit de Sadite Majefté, de l'augmentation defdits Droits , & d'en payer le produit au Trefor Royal, pendant le temps qui refte à expirer de fon Bail. Et fera le prefent Arreft Leu, publié & affiché par tout où befoin fera. F A I T au Confeil d'Eftat du Roy, tenu à Verfailles, le vingt-uniéme jour d'Aouft mil fix cens quatre-vingt-onze. Collationné. Signé, RANCHIN.

ARREST

DU CONSEIL D'ESTAT DU ROY,

Sa Majeste' y Estant.

Du quatriéme Octobre 1691.

QUI Regle les Droits qui feront payez pour les Moluës vertes, feiches, Cabillauds, Merlus, Stockfis, Saumons & Macquereaux, de la Pefche des Etrangers, à l'Entrée du Royaume, tant par Mer que par Terre.

Extrait des Regiftres du Confeil d'Eftat.

LE R O Y s'eftant fait reprefenter en fon Confeil, l'Arreft tendu en iceluy , le vingt Decembre 1687. Portant que les Moluës vertes & feiches, de la Pefche des Eftran-gers, qui Entreront en France, payeront à l'Entrée du Royaume, tant par Mer, que par Terre, mefme par la Bretagne & par les Ports de Dunquerque & Marfeille ; Sçavoir la Moluë feiche & Merlus le Cent en nombre, Quarante fols ; Et les Moluës vertes auffi le Cent en nombre, Huit livres pour tous Droits d'Entrée. Et Sa Majefté eftant Informée, qu'il y a des difficultez fur lefdites Moluës vertes & feiches, à caufe de la diverfité des noms de Ca-billauds & Stockfis, qui n'ont pas efté diftinguez par ledit Arreft,

& des Lieux d'où elles viennent en Barils, Tonnes & autrement, & qu'elles sont de differentes grosseurs & poids ; A quoy estant necessaire de pourvoir, & de Regler uniformément à toutes les Entrées du Royaume, les Droits d'Entrée sur le Poisson Sallé de la Pesche des Estrangers, tant sur les Moluës, que sur le Saumont & le Macquereau. SA MAJESTE' ESTANT EN SON CONSEIL, A ORDONNE' & Ordonne, Qu'à commencer du premier jour de Novembre prochain, les Moluës vertes , seiches, Cabillauds, Merlus, Stockfis, le Saumont & le Macquereau, de la Pesche des Estrangers, payeront à l'Entrée du Royaume , par Mer & par Terre, mesme par la Bretagne, & par les Ports de Marseille & Dunquerque ; Sçavoir les Moluës vertes & Cabillauds, Douze livres du Cent pesant, soit qu'elles soient en Barils & Tonnes, ou autrement ; Les Moluës seiches , Merlus & Stockfis, Quatre livres du Cent pesant ; les Macquereaux le Leth de Douze Barils , Vingt-quatre livres ; Et les Saumons Salez, les six Hambourgs, ou huit Barils, Quinze livres pour tous Droits d'Entrée : Et que les Moluës vertes & seiches de la Pesche des François, payeront seulement les Droits ordinaires & accoustumez. ENJOINT Sa Majesté à l'Adjudicataire des Cinq grosses Fermes, ses Procureurs & Commis , de Percevoir lesdits Droits, sans en faire aucune Composition ny Remise, & aux Juges des Fermes, de tenir la main à l'execution du present Arrest, à peine d'en répondre en leurs propres & privez noms. FAIT au Conseil d'Etat du Roy, Sa Majesté y estant, tenu à Fontainebleau, le quatriéme Octobre mil six cens quatre-vingt-onze. Signé , PHE-LYPEAUX.

ARREST

ARREST

DU CONSEIL D'ESTAT DU ROY,

Du onziéme Decembre 1691.

PORTANT, Qu'il sera Levé & perçû aux Entrées du Royaume, sur le Coton Filé venant des Païs Etrangers, Vingt livres du Cent pesant ; Au lieu des Droits portez par les Tarifs desdites Entrées : Et que le Coton en Laine, venant des Isles Françoises de l'Amerique, ne payera du Cent pesant à l'Entrée que Trente sols.

Extrait des Regiſtres du Conseil d'Eſtat.

LE ROY voulant Rétablir la Manufacture du Coton filé en France, & pour cét effet Augmenter les Droits qui se Levent aux Entrées du Royaume, sur celuy qui vient des Païs Etrangers, & les rendre uniformes dans tous les Bureaux desdites Entrées ; mesme Diminuer en faveur de ladite Manufacture, & du Commerce des Isles Françoises de l'Amerique, les Droits qui se payent ausdites Entrées, pour le Coton en Laine venant desdites Isles. VEU les Tarifs des Droits d'Entrées & des Sorties du Royaume : Oüy le Rapport du Sieur Phelypeaux de Pontchartrain, Conseiller ordinaire au Conseil Royal, Contrôlleur General des Finances. SA MAJESTE' EN SON CONSEIL, A Ordonné & Ordonne, Qu'à commencer du vingtiéme du present mois, il sera Levé & perçû tant dans les Bureaux des Cinq grosses Fermes, que dans tous les autres des Entrées du Royaume, mesme en ceux de la Doüanne de Lyon, sur le Coton filé venant des Païs Eſtrangers, la somme de Vingt livres du Cent pesant; Au lieu des Droits portez par les Tarifs desdites Entrées. FAIT Sa Majeſté Deffenses à Maiſtre Pierre Pointeau, Fermier General des Cinq grosses Fermes, & autres Unies, ses Procureurs, Commis & Prépoſez, de faire aucune

Composition ny Remise dudit Droit, à peine d'en répondre en leurs propres & privez noms. VEUT & Ordonne Sa Majesté, en faveur du Commerce des Isles Françoises de l'Amerique, qu'il ne soit payé à l'avenir à l'Entrée du Royaume, pour le Coton en Laine venant desdites Isles, que Trente sols du Cent pesant; Au lieu de Trois livres portez par le Tarif du dix-huitiéme Septembre 1664. ENJOINT aux Sieurs Intendans & Commissaires Départis dans les Provinces & Generalitez du Royaume, de tenir la main à l'execution du present Arrest, qui sera Leu, publié & affiché par tout où il appartiendra. FAIT au Conseil d'Estat du Roy, tenu à Versailles, le onziéme jour de Decembre mil six cens quatre-vingt-onze. Collationné. Signé, DE LAISTRE.

ARREST

DU CONSEIL D'ESTAT DU ROY,

SA MAJESTE' Y ESTANT.

Du vingt-neuf Janvier 1692.

QUI ORDONNE, Qu'il sera Levé & perçû à toutes les Entrées du Royaume, tant dans les Bureaux des Cinq grosses Fermes, que des Provinces reputées Etrangeres & Païs Conquis, mesme à Dunkerque & Bayonne, la Somme de Six livres pour chacun Cent pesant de Fromage de toutes sortes, venant des Païs Etrangers.

Extrait des Registres du Conseil d'Estat.

LE ROY s'estant fait representer, les Tarifs des Droits d'Entrées & de Sorties du Royaume ; Et Sa Majesté estant informée des Contestations qui surviennent journellement, pour la Levée des Droits ausdites Entrées, sur les Fromages des Païs Etrangers ; Et voulant les rendre uniformes, dans tous les Bureaux defdites Entrées, mefme les augmenter, pour faciliter le Debit des Fromages de la façon & Fabrique de fes Sujets : Oüy le Rapport du Sieur Phelypeaux de Pontchartrain, Confeiller ordinaire au Confeil Royal, Contrôlleur General des Finances. SA MAJESTE' ESTANT EN SON CONSEIL, A Ordonné & Ordonne, Qu'à commencer du premier jour d'Avril prochain, il fera Levé & perçû à toutes les Entrées du Royaume, tant dans les Bureaux des Cinq groffes Fermes, que des Provinces reputées Etrangeres & Païs Conquis, mefme à Dunkerque & Bayonne, la Somme de Six livres, par chacun Cent pefant de Fromage de toute forte, venant des Païs Etrangers feulement, & pour tous Droits d'Entrée. FAIT Sa Majefté Deffenfes à Maiftre Pierre Pointeau, Fermier General des Cinq groffes Fermes, & autres Unies, fes Procureurs, Commis & Prépofez, de faire aucune Compofition ny Remife dudit Droit, à peine d'en répondre en leurs propres & privez noms ; A la Charge par ledit Pointeau, de Compter de l'excedant defdits Droits, & d'en payer le montant au Trefor Royal, outre & pardeffus le prix de fon Bail. ENJOINT Sa Majefté aux Sieurs Intendans & Commiffaires Départis dans les Provinces & Generalitez du Royaume, de tenir la main à l'execution du prefent Arreft. FAIT au Confeil d'Eftat du Roy, Sa Majefté y eftant, tenu à Verfailles, le vingtneuviéme jour de Janvier mil fix cens quatre-vingt-douze. Collationné. Signé, PHELYPEAUX.

ARREST

DU CONSEIL D'ESTAT DU ROY,

Sa Majeste' y Estant.

Du vingt-sixiéme Février 1692.

QUI ORDONNE, Qu'il sera Levé & perçû, sur la Terre Derle ou à faire Porcelaine, transportée aux Païs Estrangers, Vingt livres pour Last de douze Tonnes ordinaires ; Au lieu de Quarante livres portées par l'Arrest du six Juillet 1688. Et qu'il sera Levé & perçû Vingt livres du Cent pesant, aux Entrées du Royaume, sur les Porcelaines & Fayances de la Manufacture des Estrangers.

Extrait des Régistres du Conseil d'Estat.

LE ROY ayant Ordonné, par Arrest du Conseil du sixiéme Juillet 1688. Qu'il seroit Levé & perçû sur la Derle, ou Terre propre à faire Porcelaines, qui Sortiroit des Villes & Lieux Conquis par Sa Majesté, ou qui luy ont esté Cedez és Païs-Bas, par les Traitez de Paix ou de Treve, pour estre portées aux Païs Estrangers, la somme de Quarante livres par Last de douze Tonnes ordinaires ; Au lieu de celle de Six livres portée par le Tarif du treiziéme Juin 1671. afin de conserver cette Terre pour les Manufactures de Porcelaines establies dans le Royaume, ausquelles elle doit servir de Matiere, preferablement aux Estrangers : Sa Majesté auroit depuis esté Informée, qu'il y a si grande quantité de ladite Terre, que l'on en peut fournir suffisamment pour les Manufactures de France, & pour celles des Estrangers, qui ne payent que Trois livres du Cent pesant, pour lés Porcelaines & les Fayances qu'ils font Entrer par lefdits Païs Conquis ; Quoy que par plufieurs Arreft du Confeil, Sa Majefté euft Ordonné que les Fayances des Païs Etrangers payeroient Vingt livres du Cent pefant; à l'Entrée du Royaume. A quoy voulant pourvoir : Oüy le Rapport du Sieur Phelypeaux de Pontchartrain, Confeiller ordinaire au Confeil Royal, Contrôlleur General des Finances. SA MAJESTE' ESTANT EN SON CONSEIL, A Ordonné & Ordonne, Qu'à commencer du quinziéme du mois de Mars prochain, il fera Levé & perçû fur ladite Terre ou Derle, defdits Païs Conquis ou Cedez, pour eftre tranfportée aux Païs Etrangers, la Somme de Vingt livres feulement, pour Laft de douze Tonnes ordinaires; Au lieu de Quarante livres portées par ledit Arreft du fixiéme Juillet 1688. Et qu'à l'égard des Porcelaines & Fayances de la Manufacture des Eftrangers, qui feront apportées dans le Royaume, tant à l'Entrée des Provinces des Cinq groffes Fermes, que de celles reputées Eftrangeres, & des Païs Conquis ou Cedez, il fera Levé & perçû la fomme de Vingt livres du Cent pefant. FAIT Sa Majefté Deffenfes à Maiftre Pierre Pointeau, Adjudicataire de fes Fermes Unies, fes Commis ou Prépofez, de faire aucune Compofition ny Remife defdits Droits, à peine d'en répondre en leurs propres & privez noms. ENJOINT aux Intendans & Commiffaires Départis dans les Provinces, de tenir la main à l'execution du prefent Arreft. FAIT au Confeil d'Eftat du Roy, Sa Majefté y eftant, tenu à Verfailles, le vingt-fixiéme jour de Février mil fix cens quatre-vingt-douze. Collationné. Signé, PHELYPEAUX.

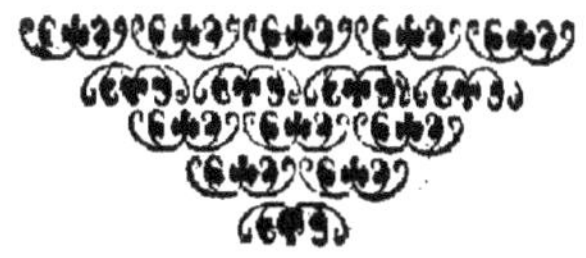

ARREST

DU CONSEIL D'ESTAT DU ROY,

SA MAJESTE' Y ESTANT.

Du dix-septiéme Mars 1692.

QUI Permet de faire Sortir du Royaume, la Terebentine la Resine & le Bray Sec, pour estre portez aux Païs Estrangers, en payant à Maistre Pierre Pointeau ou à ses Commis, pour la Sortie de chacun Cent pesant de Terebentine, Dix sols ; Pour Cent pesant de Resine, Quinze sols ; Et pour Cent pesant de Bray, Vingt sols, pendant le temps de la Guerre seulement, &c.

Extrait des Registres du Conseil d'Estat.

SUR ce qui a esté representé au Roy, par les Proprietaires des Lieux où l'on Fabrique la Terebentine, la Resine & le Bray sec, & par ceux qui en font Commerce ; Qu'ils sont si considerablement surchargez de ces sortes de Marchandises, depuis les Deffenses faites d'en laisser Sortir pour porter aux Païs Estrangers, que le deffaut de Debit fait cesser leur travail, & les prive des moyens qui les faisoient subsister : Et que s'il plaisoit à Sa Majesté d'en Permettre la Sortie, elle en tireroit les Droits qu'Elle trouveroit à propos d'Imposer, pour le temps que durera la Guerre ; Et que les Fabriques de ces Matieres continueroient à se perfectionner, & fourniroient des secours considerables à ceux qui y sont employez, & à ceux qui en font le Commerce. A quoy Sa Majesté ayant égard. LE ROY ESTANT EN SON CONSEIL, A Permis & Permet de faire Sortir du Royaume, la Terebentine, la Resine & le Bray sec, qui seront Declarez pour eftre portez aux Païs Étrangers, foit qu'on les prenne dans les Lieux du Crû, foit qu'on les tire des autres Ports, Villes & Lieux du Royaume où ces Matieres fe trouveront avoir efté tranfportées : En confequence Sa Majefté Ordonne, Qu'il fera Levé & perçû par les Commis de Maiftre Pierre Pointeau, Adjudicataire des Fermes-Unies, à la Sortie pour les Païs Étrangers feulement, Sçavoir, Pour chacun Cent pefant de Terebentine, Dix fols ; Pour chacun Cent pefant de Refine, Quinze fols ; Et pour chacun Cent pefant de Bray fec, Vingt fols ; Pendant le temps que la Guerre durera, aprés laquelle la Levée defdits Droits Ordonnez, par le prefent Arreft ceffera ; Sans que lors de la Paix, il puiffe en eftre pris ny perçû d'autres plus grands que ceux qui fe font Levez auparavant le prefent Arreft, ny qu'il en foit befoin d'autre pour cét effet. Veut Sa Majefté que la Terebentine, la Refine & le Bray fec, qui feront declarez pour les Provinces, Ports, Villes & Lieux du Royaume, ne payent que les Droits ordinaires & accouftumez, en rapportant par les Marchands, Certificat de la Décharge & Confommation qui s'y en feront. Fait Sa Majefté Deffenfes audit Pointeau, & à fes Commis & Prepofez, de percevoir pour ces Marchandifes qui feront tranfportées & Confommées dans ce Royaume, d'autres Droits que les Anciens & accouftumez, ny de faire aucune Compofition de ceux Ordonnez pour ce qui fera porté à l'Etranger, à peine d'en répondre en leurs noms. Enjoint aux Intendans & Commiffaires Départis dans les Provinces, de tenir la main à l'execution du prefent Arreft, qui fera executé nonobftant Oppofitions ou autres empefchemens quelconques, dont fi aucuns interviennent, Sa Majefté s'en referve à foy & à fon Confeil la Connoiffance, & icelle interdit à toutes fes autres Cours & Juges. Fait au Confeil d'Eftat du Roy, Sa Majefté y eftant, tenu à Verfailles, le dix-feptiéme Mars mil fix cens quatre-vingt-douze. Signé, PHELYPEAUX.

ARREST

DU CONSEIL D'ESTAT DU ROY,

SA MAJESTE' Y ESTANT.

Du vingt-deux Mars 1692.

QUI ORDONNE, Qu'il sera Levé aux Bureaux de Roüen & Lyon, tant en Foires qu'autrement, Huit livres par chacune piece de quinze aunes de Toiles de Lin, fines, moyennes & grosses ; Et quatre livres par chaque piece de quinze aunes de Toiles de Chanvre, Treillis, Futaines, Bazins : Et qu'elles ne pourront Entrer dans le Royaume, que par lesdites Villes, &c. A la reserve de celles Fabriquées aux Païs des Suisses.

Extrait des Registres du Conseil d'Estat.

LE ROY estant Informé, qu'il Entre dans le Royaume quantité de Toiles, de Futaines, & Bazins des Païs Estrangers, dont la plufpart font défectueuses en la qualité & Fabrique, & caufent un confidérable préjudice, au Debit de celles qui fe Manufacturent dans toutes les parties des Païs de fon Obéïffance : Lefquelles Toiles, Futaines & Bazins y Entrent la plufpart en fraude ; & qu'il en vient d'Allemagne, fous le nom & la faveur de celles des Suiffes. A quoy Sa Majefté voulant pourvoir, & Fixer les Droits qu'Elle veut eftre payez, à toutes les Entrées defdits Païs de fon Obéïffance ; enfemble les Bureaux par lefquelles elles devront Entrer. LE ROY ESTANT EN SON CONSEIL, A ORDONNE' & Ordonne, Qu'à commencer du premier jour de May prochain, les Toiles de Lin & de Chanvre, & les Futaines & Bazins des Païs Etrangers, de toutes fortes & façons, fans exception, ne pourront Entrer dans le Royaume

par

par Mer, que par le Port de Roüen feulement , & par Terre
que par la Ville de Lyon, en prenant des Acquits à Caution
aux Bureaux d'Entrées de Geix ou Coulonges ; A peine de Confifcation des Marchandifes , Chevaux, Voitures & Equipages,
& de Trois mille livres d'Amende : DECLARE Sa Majefté tous
autres Chemins & Paffages, tant des Provinces de l'étenduë des
Cinq groffes Fermes , que de celles reputées Etrangeres , &
des Païs Conquis , Cedez & Réunis , Obliques & prohibez.
ORDONNE en outre qu'il fera pris & perçû efdits Bureaux
de Roüen & de Lyon, tant dans le temps des Foires, qu'hors le
temps d'icelles, Huit livres pour chacune piece de quinze aunes de
Toile de Lin de toutes fortes, fine, moyenne & groffe ; Et quatre
livres pour chacune piece auffi de quinze aunes de Toiles de Chanvre , Boucaffins , Treillis, Futaines , Bazins & Bombaffins de
toute forte & façons, fines, moyennes & groffes ; A la referve
de celles du Crû & Fabrique du Païs des Suiffes feulement, que
Sa Majefté veut eftre confervez dans les Privileges & Exemptions dont ils ont joüi jufqu'à prefent, en rapportant les Certi-
ficats des Magiftrats des Lieux, portant qu'elles font dudit Crû
& Fabrique de Suiffe. ENJOINT Sa Majefté aux Sieurs Intendans
& Commiffaires Départis dans les Provinces, & à tous fes Officiers
& Sujets, de tenir la main à l'execution du prefent Arreft, qui fera
Lû, publié & affiché par tout où befoin fera, à ce qu'aucun n'en
ignore. FAIT au Confeil d'Eftat du Roy, Sa Majefté y eftant
tenu à Verfailles, le vingt-deuxiéme jour de Mars mil fix cens
quatre-vingt-douze. Signé, PHELYPEAUX.

ARREST

DU CONSEIL D'ESTAT DU ROY,

SA MAJESTE' Y ESTANT.

Du troisiéme Juillet 1692.

QUI ORDONNE, Que les Soyes & autres Marchandises de Levant, des Estats du Grand Seigneur, du Roy de Perse, d'Italie & Affrique, venant à Droiture desdits Païs, ou Entreposées aux Païs Etrangers, sans Exception, qui viendront au Port de Dunquerque, y payeront le Droit de Vingt pour Cent de leur valeur, &c.

Extrait des Registres du Conseil d'Estat.

LE ROY s'estant fait representer, les Arrests rendus en son Conseil, les vingt-deux Février 1687. & neuf Novembre 1688. Pour l'Entrée des Marchandises de Levant, des Estats du Grand Seigneur, & du Roy de Perse, d'Italie & Affrique, venant à Droiture desdits Païs, ou Entreposées dans les Païs Estrangers ; Contre la disposition de l'Edit du mois de Mars 1669. & de l'Arrest du Conseil du quinze Aoust 1685. qui avoient esté executées aux Entrées de la Flandres Françoise, avant les susdits deux Arrests, comme à toutes les autres Entrées des Terres & Païs de Sa Majesté : Elle auroit reconnu que lesdits Arrests avoient esté rendus sous le pretexte de faciliter l'Entrée des Soyes, & de quelques Marchandises & Matieres necessaires pour les Manufactures de l'Isle & autres Villes & Lieux dudit Païs Conquis, & à la charge de payer à l'Entrée de la Flandres Françoise, les Droits du Tarif de 1671. seulement. Mais outre que toutes lesdites Soyes, Marchandises & Matieres ne doivent aucuns Droits par ledit Tarif ; Les Nego-

cians du Royaume qui font le Commerce au Levant, Par le Port
de Marfeille, auroient encore remontré à Sa Majefté, qu'ils ne
peuvent plus foûtenir le Commerce du Levant, ny les Envois
des Marchandifes de France qu'ils y font, à caufe de la quantité de ces mefmes Marchandifes, que les Etrangers font Entrer
en Flandres, & à la faveur defquelles ils tirent des Sommes con-
fiderables de l'Eftat : L'atteinte qui a efté donnée audit Edit &
audit Arreft du quinze Aouft 1685. par les fufdits deux Arrefts,
ne donnant aucun avantage effectif aux Sujets du Roy des Païs
Conquis, pour leurs Manufactures, fi ce n'eft pour les mainte-
nir dans l'habitude de Negocier avec les Ennemis, préférable-
ment avec les François, puis qu'il leur eft plus facile de faire
venir lefdites Marchandifes de Marfeille, du Commerce des
François, & qu'au moyen du Tranfit qui leur a efté accordée par
l'Arreft du quinze Juin 1688. ils peuvent tirer de Marfeille, les
Soyes & autres Marchandifes de Levant dont ils peuvent avoir
befoin, fans payer aucuns Droits d'Entrée ny de Sortie, aufquels les Negocians des autres Lieux du Royaume font fujets ;
Ceux des Païs Conquis eftans encore Exempts des Droits de
Sortie de toutes les Marchandifes de leur Fabrique & Manufacture : A quoy eftant neceffaire de pourvoir. SA MAJESTE'
ESTANT EN SON CONSEIL, A Ordonné & Or-
donne, Que les Soyes & toutes autres Marchandifes de Levant,
des Eftats du Grand Seigneur, du Roy de Perfe, d'Italie &
Affrique, venant à Droiture defdits Païs, ou Entrepofées aux
Païs Etrangers fans exception, qui viendront aux Port de Dunquerque, y payeront le Droit de Vingt pour Cent de la valeur,
mefmes celles portées par ledit Arreft du Vingt-deux Février
1687. & mentionnées en l'Eftat arrefté au Confeil ledit jour, foit
qu'elles foient deftinées pour les Manufactures des Païs Conquis
ou autrement ; Sans avoir égard audit Arreft, & à celuy du neuf
Novembre 1688. Lefquels Arrefts au furplus feront executez felon leur forme & teneur. Faifant Sa Majefté Deffenfes de faire
Entrer lefdites Marchandifes, venant à Droiture ou Entrepofées,
que par ledit Port de Dunquerque & par celuy de Roüen feulement, en payant ledit Droit de Vingt pour Cent, à l'exclufion
de tous autres Ports & Paffages par Mer & par Terre ; Le tout
conformément aufdits Arrefts, & à celuy du quinze Aouft 1685.

donnez en conféquence de l'Edit du mois de Mars 1669. A
peine de Confifcation, & des Chevaux, Charettes, Batteaux,
Baftimens & autres Voitures, & de Trois mil livres d'Amende,
pour chacune Contravention. ENJOINT aux Sieurs Intendans
& Commiffaires Départis dans les Generalitez & Provinces du
Royaume, de tenir la main à l'execution du prefent Arreft, nonobftant Oppofitions & Empefchemens quelconques, dont fi aucuns interviennent, Sa Majefté s'en referve & à fon Confeil, la
Connoiffance, & icelle interdit à toutes fes autres Cours &
Juges. FAIT au Confeil d'Eftat du Roy, Sa Majefté y eftant,
tenu à Dinan, le troifiéme jour de Juillet mil fix cens quatre-
vingt-douze. Signé, PHELYPEAUX.

ARREST

DU CONSEIL D'ESTAT DU ROY,

SA MAJESTE' Y ESTANT.

Du troifiéme Juillet 1692.

PORTANT que les Arrefts des huit Novembre, fept, vingt,
vingt-trois & vingt-fept Decembre 1687. & dix - fept
Février 1688. feront executez, & les Droits portez par
l'Arreft du vingt Decembre 1687. Levez & perçûs fur les
Draps & Eftoffes de Laine de toutes fortes fans exception,
aux Bureaux de Calais & de S. Valery: Et que les Draps
& Eftoffes de Poil, & de Fil, ou meflez de Laine, Soye
ou d'autres Matieres, ne pourront Entrer dans le
Royaume que par les Ports defdites Villes, en payant
Trente pour Cent de la Valeur, &c.

Extrait des Regiftres du Confeil d'Eftat.

LE ROY ayant Reglé, par les Arrefts de fon Confeil des
huit Novembre, fept, vingt, vingt-trois, & vingt-fept

Decembre 1687. & dix-sept Février 1688. Ce qui concerne l'Entrée, les Droits & le Commerce dans le Royaume, des Draps & Estoffes de Laine de toutes sortes, des Païs Estrangers ; Et entr'autres choses qu'ils ne pourront Entrer, que par les Ports de Calais & de Saint Vallery, en payant les Droits ordonnez par ledit Arrest du vingt Decembre 1687. Avec Deffenses d'en faire Composition, de laisser Entrer des Draps contrefaits, des mesmes qualitez & Mesures, de ceux qui se Fabriquent en France : Sa Majesté est Informée, que sous pretexte que par ledit Arrest du vingt Decembre 1687. lesdites Draperies & Estoffes de Laine estant exprimées, sous le nom d'Angleterre & façon d'Angleterre, les Negocians & autres pretendent que celles des autres Païs, ne sont pas sujettes ausdits Droits, & qu'ils les peuvent faire Entrer par les autres Ports, Lieux & Passages, que ceux qui ont esté désignez ; Ce que Sa Majesté voulant prevenir, & empescher les abus qui se commettent à l'Entrée & à la Perception des Droits sur les Estoffes de Laine, mêlées de soye, Poil, Fil, ou Coton, desquelles les Droits n'ont point esté Reglez, par les Tarifs ny par lesdits Arrests. SA MAJESTE' ESTANT EN SON CONSEIL, A Ordonne' & Ordonne, Que lesdits Arrests des huit Novembre, sept, vingt, vingt-trois & vingt-sept Decembre 1687. & dix-sept Février 1688. seront executez selon leur forme & teneur : Et en conséquence, que les Droits portez par ledit Arrest du vingt Decembre 1687. seront Levez & perçûs, sur les Draps & Estoffes de Laine de toutes sortes, & de tous Païs, sans exception de la Fabrique des Estrangers, aux Bureaux de Calais & de S. Vallery, conformément ausdits Arrests. ORDONNE Sa Majesté que les Draps & Estoffes de Poil & de Fil, ou mêlées de Laine, de Soye, Poil, Fil, Coton, ou d'autres Matieres, ne pourront Entrer dans le Royaume, que par lesdits Ports de Calais & de S. Vallery, en payant Trente pour Cent de la valeur, à peine de Confiscation des Marchandises, Vaisseaux, Voitures & Equipages, & de Trois mil livres d'Amende : DECLARE tous autres Ports, Chemins & Passages, Voyes obliques & prohibées. FAIT trés-expresses inhibitions & deffenses à Maistre Pierre Pointeau, Fermier General des Fermes-Unies, ses Procureurs, Commis & Preposez, de faire aucune Composition desdits Droits, à peine de Trois mil livres d'Amende, pour chacune Contravention, applicable moitié au Dénonciateur & l'autre moitié aux Hôpitaux des Lieux. ENJOINT Sa Majesté aux Sieurs Intendans & Commissaires Départis, dans les Provinces & Generalitez du Royaume, de tenir la main à l'execution du present Arrest ; Nonobstant Oppositions ou empeschemens quelconques, dont si aucunes interviennent, Sa Majesté s'en reserve à soy & à son Conseil la Connoissance, & icelle interdite à toutes ses autres Cours & Juges. FAIT au Conseil d'Estat du Roy, Sa Majesté y estant, tenu à Dinan, le troisiéme jour de Juillet mil six cens quatre-vingt-douze. Signé, PHELYPEAUX.

ARREST

DU CONSEIL D'ESTAT DU ROY,

SA MAJESTE' Y ESTANT,

Du troisiéme Juillet 1692.

PORTANT Augmentation & Diminution de Droits, aux Entrées & Sorties du Royaume, sur les Marchandises & Ouvrages y specifiées, à commencer du premier jour d'Aoust prochain.

Extrait des Registres du Conseil d'Estat.

SUR ce qui a esté representé au Roy, de la part des Ouvriers des Manufactures du Royaume, Qu'il y Entre diverses Marchandises Fabriquées dans les Païs Estrangers, mesme de ceux avec lesquels Sa Majesté est en Guerre ; Lesquelles sont la plufpart deffectueuses, ou qui Entrent en fraude des Droits, par la facilité qu'il y a de les introduire par plusieurs endroits, où elles ne font sujettes à aucuns ou moindres Droits que dans les autres ; Ce qui cause un préjudice considerable ausdites Manufactures : A quoy Sa Majesté voulant pourvoir, & à l'execution du Tarif du mois d'Avril 1667. pour le payement des Droits y portez, à l'Entrée des Marchandises specifiées audit Tarif; Et diminuer aussi les Droits que lesdites Manufactures doivent à la Sortie : Oüy le Raport du Sieur Phelypeaux de Pontchartrain, Conseiller ordinaire au Conseil Royal, Contrôlleur General des Finances.

SA MAJESTE' ESTANT EN SON CONSEIL, A Ordonne' & Ordonne, Qu'à commencer du premier Aoûst prochain, les Marchandises & Ouvrages cy-aprés specifiez, qui seront déclarez pour estre envoyez aux Païs Estrangers, payeront, pour tous Droits de Sortie ; Sçavoir,

Bourses en broderie & garnies d'Or & d'Argent fin, la livre payera Quinze sols.

Bourses en broderie de Soye, la livre payera Huit sols.

Boutons d'Or & d'Agent fin, la livre payera Dix sols.

Boutons d'Or & d'Argent faux, & Boutons de Soye, la livre Cinq sols.

Chapeaux de Vigogne, la douzaine payera Trente sols.

Demy Vigogne, la douzaine Vingt sols.

Chapeaux de Poil, la douzaine Quinze sols.

Chapeaux de feutre, le Cent pesant Deux livres.

Cordons d'Or & d'Argent faux & de Soye, la livre Cinq sols.

Dentelles d'Or & d'Argent fin, meslées de Soye, la livre Quinze sols.

Dentelles de Soye d'Or & d'Argent faux, Cinq sols.

Estoffes de Soye fabrique de Tours, de toutes sortes & façons, la livre payera Sept sols.

Mercerie de toutes sortes de façons & Païs, le quintal Deux livres.

Rubans de Soye unis ou façonnez, de la Fabrique de Tours ; la livre Six sols.

Fait Sa Majesté Deffenses aux Fermiers de ses Fermes-Unies, leurs Procureurs, Commis & Préposez, d'y prendre n'y exiger autres ny plus grands Droits de Sortie, que ceux portez cy-dessus, à peine de Concussion.

Veut que lesdites Marchandises Acquitées aux Bureaux des Cinq grosses Fermes, passant dans les Païs Estrangers, pour les Provinces reputées Estrangeres, Païs Conquis, Cedez ou Réünis, soient Exempts de tous autres Droits, à la Sortie desdites Provinces & Païs, en reprefentant les Acquits des Bureaux defdites Cinq groffes Fermes.

ORDONNE en outre, que les Marchandifes mentionnées audit Tarif du mois d'Avril 1667. venant des Païs Eftrangers, pour lefquelles il n'a pas efté pourveû autrement par Sa Majefté, par les Reglemens & Arrefts rendus depuis, pour aucunes d'icelles, payeront les Droits portez par ledit Tarif à toutes les Entrées du Royaume, tant des Cinq groffes Fermes, que defdites Provinces reputées Eftrangeres, & Païs Conquis, Cedez & Réünis , cy-aprés fpecifiées, Payeront à toutes lefdites Entrées; SÇAVOIR,

Les Chapeaux appellez demy Caftor , la Piece Huit livres.

Les Chapeaux de Vigogne & demy Vigogne , la douzaine Dix-huit livres.

Les Chapeaux de feutre de toutes fortes de Laine, Poil & façons , la douzaine Douze livres.

Charbons de terre, le Barils Trente fols.

Coutils de toutes fortes & Pais, la Piece de quinze Aunes, Six livres.

Fer-blanc, le Baril de Quatre cent cinquante Feüilles doubles, au lieu de Trente livres portez par le Tarif de 1667. payera feulement Vingt-livres : & le Baril à fimple feüille à proportion.

Mercerie de toutes fortes de façons & Païs, le Cent pefant Dix livres : A la referve des Boutons de Fil , Laine, Verre & Brocailes, qui payeront du Cent pefant Quinze livres.

Et les Efguilles & Efpingles auffi du Cent pefant Vingt livres.

Le Papier de toutes fortes, Païs & grandeur, pour chaque Rame Trente fols.

Les Pipes à Tabac, la Groffe Vingt-quatre fols.

Quincaillerie de Cuivre , le Cent pefant Six livres.

Quincaillerie groffes de Fer & Acier , comme Faux, Faucilles, Chandeliers, & Chauffettes, Eftrilles , & autres femblables, le Cent pefant Trois livres.

Rubans de Fil , le Cent pefant Vingt livres.

FAIT Sa Majefté tres-expreffes inhibitions & deffenfes aufdits Fermiers , leurs Procureurs, Commis & Prépofez, de faire aucune Compofition ny remife defdits Droits d'Entrée, fur lefdites Marchandifes à peine de Trois mil livres d'Amende, pour chacune Contravention.

VEUT

Veut que lefdites Marchandifes, qui auront Acquitté lefdits Droits à l'Entrée des Provinces reputeés Eftrangeres, & Païs Conquis, Cedez & Réünis, foient Exemps des Droits d'Entrées des Cinq groffes Fermes, en rapportant l'Acquit du Payement defdits Droits, des Commis des Bureaux de l'Entrée dans le Royaume.

Fait au Confeil d'Eftat du Roy, Sa Majefté y eftant, tenu à Dinan, le troifiéme jour de Juillet mil fix cens quatre-vingt-douze. Signé, PHELYPEAUX.

ARREST

DU CONSEIL D'ESTAT DU ROY,

SA MAJESTE' Y ESTANT,

Du vingt-huit Octobre 1692.

QUI ORDONNE, Que tous les Beurres des Païs Eftrangers, qui feront apportez en France, fans exception, payeront Six livres du Cent pefant, à toutes les Entrées du Royaume.

Extrait des Regiftres du Confeil d'éftat.

LE ROY eftant Informé, que nonobftant l'Arreft du Confeil du quatre May 1688. Par lequel Sa Majefté, pour faciliter la Confommation du Beurre du Crû du Royaume, A Ordonné que les Beures d'Angleterre & d'Irlande qui feront apportez dans le Royaume, payeront pour tous Droits d'Entrée Six livres du Cent pefant : Les Negocians qui font apporter des Beures de la Flandres Efpagnole, dans la Flandres Françoife, refufent de payer lefdits Droits, pretendans qu'ils font du Crû de Hollande & de la Flandres Efpagnole, & que ledit Arreft n'ayant nommé que les Beures d'Angleterre & d'Irlande, ceux des autres

Païs ny doivent pas eſtre compris, & peuvent Entrer ſans rien payer. Et d'autant que par ledit Arreſt il a eſté ſeulement fait mention des Beures d'Angleterre & d'Irlande, parce qu'il n'avoit point accouſtumé d'en eſtre apporté dans le Royaume d'aucuns autres Païs Eſtrangers ; & que ſi la pretention deſdits Negocians avoit lieu, les Beures d'Angleterre & d'Irland feroient introduits en France, comme Beures de Holande & autres Païs Eſtrangers : Ce qui priveroit les Sujets de Sa Majeſté, de l'avantage qu'Elle leur a voulu procurer ; A quoy eſtant neceſſaire de pourvoir. SA MAJESTE' ESTANT EN SON CONSEIL, A Ordonne' & Ordonne, Que tous les Beures qui feront apportez en France des Païs Eſtrangers, de quelque endroit & Païs que ce puiſſe eſtre ſans exception, payeront Six livres du Cent peſant, à toutes les Entrées du Royaume, tant des Cinq groſſes Fermes, que des Provinces reputées Eſtrangeres & des Païs Conquis, Cedez & Réünis. Enjoint Sa Majéſté à Maiſtre Pierre Pointeau, Adjudicataire General de ſes Fermes-Unies, & à ſes Commis, de Percevoir les Droits en entier ſans en faire aucune Compoſition ny remiſe ; & aux Juges deſdites Fermes & autres, de tenir la main à l'execution du preſent Arreſt. Fait au Conſeil d'Eſtat du Roy, Sa Majeſté y eſtant, tenu à Verſailles, le ving-huitiéme jour d'Octobre mil ſix cens quatre-vingt-douze. Collationné. Signé, PHELYPEAUX.

ARREST

CONTRADICTOIRE

DU CONSEIL D'ESTAT DU ROY,

SA MAJESTE' Y ESTANT.

Du vingt-deux Novembre 1692.

QUI ORDONNE, Que l'Arrest du vingt-neuf Avril dernier sera executé ; Ce faisant que les Armosins, Gases & autres Marchandises composées en tout ou par moitié de Soye cruë & cuitte, ensemble celles meslées de Soye, Or ou Argent, avec Cotonis, de Fabrique des Indes, qui seront apportées desdits Lieux, sur les Vaisseaux de la Compagnie des Indes, & Venduës par les Directeurs d'icelle, payeront pour tous Droits d'Entrées, Trois pour Cent de leur valeur, &c.

Extrait des Registres du Conseil d'Estat.

VEU au Conseil d'Estat du Roy, l'Arrest rendu en iceluy le vingt-neuf Avril dernier, sur les Requestes respectives d'entre les Directeurs de la Compagnie des Indes Orientales : & les Fermiers Generaux du Bail de Domergue ; Par lequel entr'autres choses il auroit esté Ordonné, que suivant & conformément à l'Article 44. de l'Edit de l'Establissement de ladite Compagnie, du mois d'Aoust 1664. & Declarations de Sa Majesté, des premier Juillet 1665. & Février 1685. les Marchandises que la Compagnie feroit venir des Païs de sa Concession, lesquelles ne sont point dénommées ny contenuës par le Tarif des Cinq grosses Fermes du mois de Septembre 1664 payeroient feulement pour les Droits d'Entrée du Royaume, Trois pour Cent de la valeur d'icelles ; Et en conféquence Ordonné que les Marchandifes de cette nature provenantes des Ventes de la Compagnie, arreſtées au Bureau des Cinq groſſes Fermes, feront inceſſamment renduës par ledit Domergue, aux Marchands à qui elles appartiennent, en juſtifiant par les Marchands du payement par eux fait defdits Trois pour Cent ; Lequel Arreſt auroit eſté Signifié audit Domergue le deuxiéme May fuivant, avec Sommation d'y fatisfaire. La Requeſte des Directeurs, contenant qu'attendu que ledit Domergue auroit au préjudice dudit Arreſt & de la Sommation, refufé de rendre aux Marchand les Armoifins, Gafes & autres Marchandifes, fous pretexte qu'elles n'eſtoient point (à ce qu'il difoit pour faire valoir fon refus) de la nature de celles qui ne doivent que Trois pour Cent, pretendant au contraire qu'elles eſtoient comprifes dans le Tarif de 1664. à l'Article des Draps de Soye de toutes fortes ; Il plût à Sa Majeſté Ordonner en confirmant ledit Arreſt, que lefdits Armoifins, Gafes & autres Marchandifes qui ne font point dénommées audit Tarif, feroient renduës aux Marchauds à qui elles appartiennent, en juſtifiant le payement par eux fait des Droits de Trois pour Cent, conformément à l'Ufage de tout temps pratiqué, Confirmé par le Compte arreſté avec lefdits Fermiers au mois de Novembre 1690. par l'Article 44. de l'Edit de l'eſtabliſſement de ladite Compagnie, par pluſieurs Declarations & Arreſts, & notamment par celuy dudit jour vingt-neuf Avril dernier, intervenu fur pareille Conteſtation. VEU auſſi celle des Fermiers, Contenant que lefdits Armoifins & Gafes provenans de la Vente de la Compagnie, eſtant de pure Soye, les Marchands devoient payer pour ce Droit d'Entrée Trois livres pour livre pefant, & non à raifon de Trois pour Cent de l'eſtimation, eſtant comprifes à l'Article dudit Tarif des Draps de Soye de toutes fortes ; Et que les Directeurs eſtans demeurez d'accord que les Armoifins & Gafes eſtoient fabriquez aux Indes de pure Soye, il eſtoit certain qu'on ne pouvoit difconvenir qu'elles ne fuſſent comprifes au Tarif de 1664. & eſtoient preſtes de rendre lefdites Marchandifes en payant les Droits portez par ledit Tarif. Et les Repliques des Directeurs, où ils auroient foûtenu que l'Articles des Draps de Soye porté au Tarif de 1664. ne regarde point les Armoifins & Gafes fabriquées aux Indes, attendu qu'elles font,

de differentes fabriques, que les Eſtoffes de Soye, qui ſont ſujettes à
l'Article des Draps de Soye, & qui doivent Trois livres la livre
peſant ſuivant ledit Tarif ; La difference eſt que les Eſtoffes de Soye
compriſes au Tarif de 1664. ne peuvent eſtre entenduës que de
celles qui ſe fabriquent en Italie ou ailleurs dans l'Europe, leſqu'elles
ne ſont compoſées que de Soye cuitte & preparée, dont le prix
augmentant conſiderablement par l'aprés & la façon ; Mais les
Armoiſins & les Gaſes venant des Indes ſont fabriquez ; Sçavoir,
les Gaſes de Soye cruë ſeulement, & les Armoiſiins moitié de Soye
cuitte & moitié de Soye cruë, & par conſéquent eſtant entierement
differentes des Eſtoffes de Soye & Taffetas compris dans le Tarif,
ne peuvent eſtre regardées, que comme faiſant partie des Marchandiſes de Soye, dont le Droit eſt Reglé par l'Article general eſtant à
la fin dudit Tarif, à Dix pour Cent de la valeur, & réduit en faveur
de ladite Compagnie à Trois pour Cent, ainſi que les Cotonis &
autres Etoffes, dont leſdits Fermiers ne conteſtent pas que les Droits
ne doivent eſtre acquittez à la meſme raiſon de Trois pour Cent
de la valeur ſeulement, conformément audit Arreſt du vingt neuf
Avril dernier : En effet les particuliers Marchands ont fait venir
par voye d'Hollande & d'Angleterre, de ſes Armoiſins & Gaſes
Manufacturées aux Indes, leſdits Fermiers ne leur ont fait payer
les Droits d'Entrées que ſur le pied de Dix pour Cent, comme
Marchandiſes venant des Païs Eſtrangers, qui ne ſont point dénommées ny connuës par le Tarif de 1664. Et pareillement les pieces
juſtificatives & autres attachées auſdites Requeſtes : Oüy le Raport
du Sieur Phelypeaux de Pontchartrain, Conſeiller ordinaire au
Conſeil Royal, Contrôlleur General des Finances. LE ROY
ESTANT EN SON SON CONSEIL, A Ordonne' &
Ordonne, Que ledit Arreſt du vingt-neuf Avril dernier, ſera
executé ſelon ſa forme & teneur ; Ce faiſant que les Armoiſins,
Gaſes & autres Marchandiſes, compoſées en tout ou par moitié
ou environ de Soye cruë & cuitte, enſemble celles meſlées de
Soyes, Or, ou Argent avec Cotonis, de Fabrique des Indes, qui
ſeront apportées deſdits Lieux ſur les Vaiſſeaux de ladite Compagnie, & venduës par les Directeurs en la maniere accoûtumée,
payeront pour tous Droits d'Entrée Trois pour Cent de leur
valeur. Faisant Deffenſes au Fermier des Cinq groſſes Fermes, &
tous autres Prépoſez pour la perception deſdits Droits, d'exiger

plus grands Droits à peine de concuffion, Trois mil livres d'Amende & de tous dépens, dommages & intereft. F A I T au Confeil d'Eftat du Roy, Sa Majefté y eftant, tenu à Verfailles, le vingt-deuxiéme jour de Novembre mil fix cens quatre-vingt-douze. Signé, PHELYPEAUX.

ARREST
CONTRADICTOIRE
DU CONSEIL D'ESTAT DU ROY,
Du troifiéme Mars 1693.

ENTRE le Fermier General des Cinq groffes Fermes ; Et les Habitans des Communautez Limitrophes de Bearn. Portant Reglement, tant pour la Confirmation de leurs Privileges, & l'Exemption de Droits de la Foraine de France, fur les Bleds, Vins & autres menuës Denrées, neceffaires à leur commun Ufage : Que pour le Payement defdits Droits de Foraine, fur les Soyes, Draperies, Toiles, Beftial & autres Marchandifes qu'ils enlevent de France, & feront Entrer dans les Païs de Bearn, comme auparavant l'Arreft du feptiéme Aouft 1691.

Extrait des Regiftres du Confeil d'Eftat.

SUR les Requeftes refpectives prefentées au Confeil par Maiftre Pierre Pointeau, Fermier General des Cinq groffes Fermes, Subrogé au lieu de Maiftre Pierre Domergue, d'une part : Et les Habitans des Communautez Limitrophes de Bearn, d'autre. CELLE dudit Pointeau, Contenant &c. Le Procés Verbal & l'avis en Original du Sieur Defmarefts de Vaubourg, Com-

miſſaire Départy en ladite Province de Bearn ; dudit jour dix
May 1687. Par lequel il paroiſt, qu'il n'a entendu parler que des
Privileges, Exemptions & Franchiſes accordées auſdits Habitans
par les Rois de Navarre , des Droits de Foraine & autres dudit
Païs des Bearn, & autres qu'ils poſſedoient ; Et tout ce que les
Parties ont voulu écrire & produire : Oü y le Rapport du Sieur
de Caumartin, Conſeiller d'Eſtat ordinaire, Intendant des Finances. LE ROY EN SON CONSEIL, faiſant Droit ſur ladite Inſtance, A ORDONNE' & Ordonne, Que l'Arreſt du Conſeil du vingt-quatriéme Avril 1688. Portant Reglement pour les
Privileges & Exemptions des Droits de Foraine & autres y contenuës, accordez auſdits Habitans de Bearn, par les Anciens Rois de
Navarre, dans ladite Province de Bearn , & autres y ſpecifiez, ſera
executé ſelon ſa forme & teneur; Que conformément auſdites Lettres Patentes du douze Juillet 1601. leſdits Habitans joüiront de l'E-
xemption des Droits de la Foraine de France, des Bleds , Vins,
& autres menuës Denrées neceſſaires à leur commun Uſage , co-
meſtible & autres , comme Volaille , Gibier, Chevreaux, Oy-
ſons, menus Meubles, Uſtanciles , & autres ſemblables qu'ils viendront cüeillir en leurs Terres, ou acheteront de gré à gré dans les
Provinces du Royaume de France: Et qu'ils payeront leſdits Droits
de Foraine des Soyes, Draperies, Toiles, Beſtial, & de toutes autres ſortes de Marchandiſes qu'ils Enlevent de France, & feront
Entrer dans ledit Païs de Bearn, comme auparavant ledit Arreſt du
ſeptiéme Aouſt 1691. Dépens compenſez. FAIT au Conſeil
d'Eſtat du Roy, tenu à Verſailles, le troiſiéme jour de Mars mil
ſix cens quatre-vingt-treize. Collationné. Signé, ROUILLET.

ARREST

DU CONSEIL D'ESTAT DU ROY,

SA MAJESTE' Y ESTANT.

Du dix-septiéme Mars 1693.

PORTANT, QUIL SERA LEVE' HUIT LIVRES, pour chacune livre pesant de Peaux de Castors, y compris les Robes & Morceaux ; Et Quinze livres sur chaque livre pesant de Poil de Castor, Entrans dans le Royaume, par les Bureaux de Roüen, Dieppe, le Havre & la Rochelle, outre les Droits du Tarif de 1664. à commencer du premier jour de May prochain : Que celles qui seront trouvées Entrans par d'autres Lieux que par lesdits Bureaux, seront Confisquez ; & que lesdits Droits seront Levez sur lesdits Castors en Peau & Poil provenant des Prises faites sur les Ennemis, &c.

Extrait des Registres du Conseil d'Estat.

SUR ce qui a esté remontré par Maistre Pierre Pointeau, Adjudicataire General des Cinq grosses Fermes, Domaine d'Occident, Canada, & autres Fermes - Unies ; Qu'encore que par l'Arrest du Conseil du vingt-quatre Mars 1685. Sa Majesté pour faciliter le Debit des Castors provenans du Commerce dudit Canada, & autres Païs de la France Septentrionnalle, ait Ordonné qu'il sera Levé & receu un Escu sur chaque livre pesant de Peaux de Castor, y compris les Robes & morceaux entiers, & Deux Escus sur chacune livre pesant de Poil de Castor, outre & pardessus les Droits establis auparavant, Entrant dans le Royaume par les Bureaux de Roüen, Dieppe, le Havre & la Rochelle,

à l'excluà l'exclusion de tous autres Ports & Passages ; Lesquels Droits Sa Majesté a augmenté de Trois livres sur chacune livre de Castor en Poil, qui par ce moyen payeroit Neuf livres ; Ce qui auroit esté confirmé par l'Arrest du treize Decembre 1689. Mesme sur les Castors venans dans les Vaisseaux pris par les Armateurs François. Neanmoins le Suppliant ne peut debiter qu'une petite partie des Castors, qui luy viennent en tres-grande quantité des Colonies Françoises, où il est obligé de les recevoir & payer aux Habitans & Negocians François, parce que nonobstant lesdits Droits, il ne laisse pas d'en venir des Païs Estrangers, & qu'il en entre beaucoup en fraude ; Mais sur tout parce que ceux qui proviennent des Prises faites par lesdits Armateurs François, estant vendus à tres vil prix, les Adjudicataires se trouvent encore en estat, en payant lesdits Droits, de les donner à meilleur marché que ceux du Suppliant, dont la Vente & debit sont troublez par ce moyen, & il se trouve surchargé de Castor pour des sommes tres considerables, qui perissent en ses mains : A quoy estant necessaire de pourvoir. SA MAJESTE' ESTANT EN SON CONSEIL, A Ordonne' & Ordonne ; Qu'à commencer du premier jour de May prochain, il sera Levé & receu par ledit Pointeau, Huit livres pour chacune livre pesant de Peaux de Castor, y compris les robes & morceaux qui ne sont en Peaux entieres ; Et Quinze livres sur chacune livre pesant de Poil de Castor, Entrant dans le Royaume par les Bureaux de Roüen, Dieppe, le Havre & la Rochelle, outre les Droits du Tarif de 1664. Et que toutes les Peaux & Poil de Castors qui seront trouvées Entrant par d'autres Lieux que par lesdits Bureaux de Roüen, Dieppe, le Havre & la Rochelle, seront Acquises & Confisquées au profit de Sa Majesté, comme estant lesdits Lieux obliques, prohibez & deffendus. Veut Sa Majesté que lesdits Droits soient pris & Levez sur lesdits Castors en Peau & en Poil, provenant des Prises faites sur les Ennemis ; Si mieux n'aiment les Adjudicataires les envoyer hors du Royaume, auquel cas ils ne payeront aucuns Droits suivant nos Ordonnances, & en se conformant à icelles ; Le tout en vertu du present Arrest, qui sera Leu & Publié dans toutes les Villes Maritimes & Ports de ce Royaume, & executé nonobstant Oppositions ou Appellations quelconques, dont si aucunes interviennent, Sa Majesté se reserve à soy & à son

Q

Conseil la Connoiſſance, & icelle interdit à toutes ſes Cours &
autres Juges. FAIT au Conſeil d'Eſtat du Roy, Sa Majeſté y eſtant, tenu à Verſailles, le dix-ſeptiéme jour de Mars mil ſix cens
quatre-vingt-treize. Signé, PHELYPEAUX.

ARREST
DU CONSEIL D'ESTAT DU ROY
SA MAJESTE' Y ESTANT.

Du dernier Mars 1693.

QUI ORDONNE, Qu'à commencer au premier
May prochain, il ſera payé Dix livres du Cent peſant,
compris l'Ambalage, des Draps & autres Eſtoffes de
Laines bruttes, Fabriquées en Dauphiné & autres
Provinces voiſines, qui paſſeront dans l'étenduë de la
Doüanne de Valence, pour eſtre portées dans les Païs
Eſtrangers.

Extrait des Regiſtres du Conſeil d'Eſtat.

LE ROY s'eſtant fait repreſenter en ſon Conſeil, le Tarif
des Droits de la Doüanne de Valence ; Par lequel en l'Article Troiſiéme, ceux des Draps & autres Eſtoffes de Laine du
Païs, ſont fixez à Quarante-ſix ſols ſept deniers par Quintal net;
Et ſans faire mention deſdits Draps & Eſtoffes bruttes, & ſans
leur dernier appreſt, dont il ſort une quantité conſiderable pour
les Païs Eſtrangers, par l'étenduë de ladite Doüanne de Valence : A quoy eſtant neceſſaire de pourvoir. SA MAJESTE'
ESTANT EN SON CONSEIL, A ORDONNE' & Or-
donne, Qu'à commencer du premier jour de May prochain, il
ſera payé Dix livres du Cent peſant, compris l'Ambalage, des
Draps & autres Eſtoffes de Laines, bruttes & ſans leur dernier appreſt ſeulement, des Fabriques de la Province de Dauphiné, &

des Provinces Voifines, qui paſſeront dans l'étenduë de la Doüanne de Valence, pour eſtre portez dans les Païs Eſtrangers ; Et fera au ſurplus ledit Article troiſiéme dudit Tarif, executé ſelon
ſa forme & teneur. FAIT Sa Majeſté deffenſes à Maiſtre Pierre Pointeau, Adjudicataire des Cinq groſſes Fermes & autres U-
nies, ſes Procureurs & Commis, de faire aucune Compoſition
dudit Droit de Dix livres du Cent peſant, ſur leſdits Draps &
Eſtoffes de Laines bruttes & ſans leur dernier appreſt, pour les
Païs Eſtrangers, à peine de Trois mil livres d'Amende pour chacune Contravention. ENJOINT au Sieur Bouchu, Conſeiller du
Roy en ſes Conſeils, Maiſtre des Requeſtes ordinaire de ſon
Hoſtel, Commiſſaire Departy en ladite Province de Dauphiné,
de tenir la main à l'execution du preſent Arreſt. FAIT au Conſeil d'Eſtat du Roy, Sa Majeſté y eſtant, tenu à Verſailles, le
dernier jour de Mars mil ſix cens quatre - vingt - treize. Signé,
PHELYPEAUX.

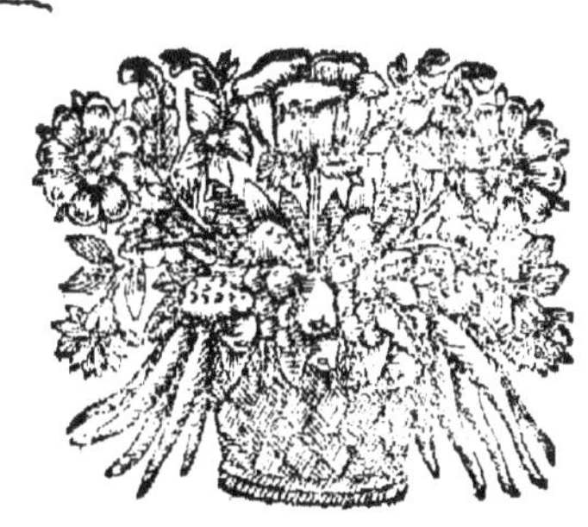

ARREST

DU CONSEIL D'ESTAT DU ROY,

Du douziéme May 1693.

QUI Revoque le Privilege pour la vente du Caffé, Thé, Sorbec, Chocolat, Cacao & Vanille, étably par Edit du mois de Janvier 1692. Et regle les Droits qui feront payez à l'avenir aux Entrées du Royaume, fur chaque livre pefant de chacune de ces Marchandifes; Et fait deffenfes de faire Entrer ledit Caffé que par la Ville de Marfeille.

Extrait des Regiftres du Confeil d'Eftat.

LE ROY s'eftant fait reprefenter en fon Confeil, fon Edit du mois de Janvier 1692. Portant Reglement pour la Vente & diftribution du Caffé, Thé Sorbec, Chocolat, Cacao & Vanille, que Sa Majefté avoit voulu eftre faite à l'avenir, dans toute l'étenduë de fon Royaume, par une feule perfonne, avec deffenfes à tous autres de debiter en détail les Boiffons faites defdits Caffé, Thé, Sorbec, & Chocolat, que fur les Permiffions de la perfonne à laquelle Sa Majefté en auroit accordé ledit Privilege. Le Refultat du Confeil du vingt-deux du mefme mois & an, Par lequel Sa Majefté auroit accordé ledit Privilege à Maiftre François Damaine, pour l'exercer par luy, fes Procureurs, Commis & Prepofez, fuivant & conformément audit Edit, & à l'Arreft du Confeil du mefme jour vingt-deux Janvier 1692. moyennant le Prix, & les Claufes & Conditions portez par ledit Refultat, & pour fix années à compter dudit mois de Janvier 1692. Et Sa Majefté faifant confideration fur les frais exceffifs que ledit

Damaine est obligé de faire, pour l'exploitation de ce Privilege, ce qui consomme tout le Benefice qu'il en pourroit retirer; Et sur les Offres faites en dernier lieu, par les Marchands Epiciers & autres Negotians, de payer tels Droits qu'il plairoit à Sa Majesté de mettre sur lesdites Marchandises, à l'Entrée du Royaume, pourvû qu'il luy plût de Revoquer ledit Privilege, & de leur laisser la liberté du Commerce de ces Marchandises, comme auparavant l'Edit du mois de Janvier 1692. Sa Majesté auroit resolu de Décgarher ledit Damaine de l'execution de son Traité, & de rendre ce Commerce libre comme il estoit auparavant, En payant par les Negotians qui voudront le faire, quelques Droits nouveaux aux Entrées du Royaume. A quoy desirant pourvoir : Oüy le Rapport du Sieur Phelypeaux de Pontchartrain, Conseiller ordinaire au Conseil Royal, Controlleur General des Finances. SA MAJESTE' EN SON CONSEIL, A Revoqué & Revoque le Privilege établi par l'Edit du mois de Janvier 1692. pour la Vente tant en gros qu'en détail des Marchandises de Caffé, Thé, Sorbec, Chocolat, Cacao & Vanille, & des Boissons faites desdites Marchandises ; Ce faisant, Permet à tous Marchands & Negocians d'en faire Commerce, & aux Limonadiers & autres qui avoient la Faculté de vendre les Boissons de Caffé, Thé, Sorbec, & Chocolat, de les debiter comme auparavant ledit Edit. VEUT & entend Sa Majesté qu'à l'avenir, à compter du jour de la Publication du present Arrest, le Caffé ne puisse Entrer dans le Royaume que par la Ville de Marseille, & qu'en payant à l'Entrée du Port, la somme de Dix sols de chaque livre pesant poids de marc, outre & pardessus tous les anciens Droits. Et qu'il soit Levé & perçû à toutes les Entrées du Royaume, aussi outre les anciens Droits, sçavoir sur le Cacao, Quinze sols de chaque livre pesant poids de marc ; Sur chaque livre de Thé, de quelque qualité qu'il soit, Dix livres ; Sur chaque livre de Chocolat, Vingt sols ; pareille somme sur chaque livre de Sorbec, & Soixante sols sur chaque livre de Vanille. FAIT Sa Majesté défenses à toutes personnes, de faire Entrer du Caffé dans le Royaume, par d'autres Ports & passages que par Marseille, A peine de Confiscation & de Quinze cens livres d'amende, Declarant à cét effet tous les autres Ports & Passages par Terre, voyes obliques & défenduës ; A l'exception feulement du Caffé qui fera trouvé fur les Vaiſſeaux Pris en Mer fur les Ennemis, qui feront conduits en d'autres Ports que celuy de Marſeille, dont en ce cas Sa Majeſté a permis l'Entrée par leſdits Ports, en payant les meſmes Droits qui feroient payez à Marſeille. FAIT tres expreſſes inhibitions & défenſes à Maiſtre Pierre Pointeau, Adjudicataire General des Fermes-Unies, ſes Procureurs, Commis & Prepoſez, de faire aucune compoſition ny remiſe deſdits Droits, à peine d'en répondre en leur propres & privez noms ; Et à la charge par ledit Pointeau & ſes Cautions, d'en Compter à Sa Majeſté, outre & pardeſſus le prix de ſon Bail. ORDONNE neanmoins Sa Majeſté, que le Caffé & le Cacao que les Negocians voudront faire paſſer aux Païs Eſtrangers, feront receus par forme d'Entrepoſt, ſçavoir le Caffé dans le Port de Marſeille, & le Cacao dans ceux de Dunquerque, Dieppe, Roüen, Saint Malo, Nantes, la Rochelle, Bordeaux & Bayonne ſans payer aucuns Droits, A condition que ces Marchandiſes feront declarées à l'inſtant de leur arrivée, aux Commis des Cinq groſſes Fermes & miſes en Entrepoſt dans un Magazin, qui fera choiſi pour cét effet, & fermé à deux ſerrures & clefs differentes, l'une deſquelles fera donnée en garde au Commis du Fermier, & l'autre fera miſe entre les mains de celuy qui fera pour ce prepoſé par les Marchands ; Sans que leſdits Caffé & Cacao puiſſent eſtre tranſportez hors du Royaume, qu'en preſence du Commis des Cinq groſſes Fermes, qui en délivrera un Acquit à caution, ſur la Declaration & Soûmiſſion des Marchands, de rapporter Certificat de la décharge deſdites Marchandiſes, dans les Lieux pour leſquels elles auront eſté déclarées, A peine de Confiſcation & de Quinze cens livres d'amende. ENJOINT Sa Majeſté, aux Sieurs Intendans & Commiſſaires départis dans les Provinces & Generalitez du Royaume, de tenir la main à l'execution dn preſent Arreſt, qui fera lû, publié & affiché par tout où il appartiendra, à ce que perſonne n'en prétende cauſe d'ignorance. FAIT au Conſeil d'Eſtat du Roy, tenu à Verſailles, le douziéme jour de May mil ſix cens quatre-vingt-treize. Collationné. Signé, DU JARDIN.

ARREST

DU CONSEIL D'ESTAT DU ROY,

Sa Majeste' y estant.

Du neuviéme Février 1694.

QUI Permet aux Negocians & Marchands de la Ville
de Tournay, & autres de la Flandres, de faire Sortir
de la Chaux, hors du Royaume, pendant trois mois
du jour de la datte du prefent Arreft, en payant à
Maiftre Pierre Pointeau, fes Commis &Prépofez,
Dix livres pour chacun Laft de douze Tonnesde la Mefure ordinaire, &c.

Extrait des Regiftres du Confeil d'Eftat.

SUR ce qui a efté reprefenté au Roy, par plufieurs Marchands
de la Ville de Tournay ; Qu'avant les deffenfes faites par
Sa Majefté, de la Sortie de la Chaux pour les Païs Ennemis, ils
en avoient fait charger quinze Batteaux qui font en grand dan-
ger fur la Riviere, & que s'il luy plaifoit d'en permettre la Sortie, mefme en payant les Droits qu'elle trouveroit à propos d'Ordonner, ils fe mettroient à couvert de la perte inévitable qu'ils
feroient de ladite Chaux, s'ils eftoient obligez de la décharger,
& que cette Marchandife fait un de leurs principaux Commerce:
A quoy voulant pourvoir. SA MAJESTE' ESTANT EN
SON CONSEIL, A Permis & permet la Sortie de la Chaux
chargée fur lefdits quinze Batteaux ; Enfemble de celle que les
Negocians & Habitans de la Flandres, voudront envoyer hors
du Royaume, pendant trois mois du jour de la datte du prefent
Arreft : A condition de payer à Maiftre Pierre Pointeau, Fermier Général des Cinq groffes Fermes & autres Unies, ou à fes

Commis & Prépofez, Dix livres pour chacun Laft de douze Tonnes de la Mefure ordinaire; Aprés lequel temps paffé; FAIT Sa Majefté deffenfes aufdits Negocians, Habitans & tous autres, de faire Sortir de la Chaux, fans Permiffion nouvelle & expref-fe de Sa Majefté. ENJOINT aux Sieurs Intendans & Commif-faires Départis en Flandres, de tenir la main à l'execution du prefent Arreft. FAIT au Confeil d'Eftat du Roy, Sa Majefté y eftant tenu à Verfailles, le neuviéme jour de Février mil fix cens quatre-vingt-quatorze. Signé, PHELYPEAUX.

ARREST

DU CONSEIL D'ESTAT DU ROY;

SA MAJESTE' Y ESTANT.

Du feptiéme Aouft 1694.

QUI Permet aux Habitans & Negocians de la Flandres & autres Païs Conquis, de faire Sortir de la Chaux, en payant aux Fermiers des Cinq groffes Fermes & autres Unies, Trente-fix fols pour chacune Croye, mefure ordinaire de Tournay, jufques à ce que par Sa Majefté il en foit autrement Ordonné.

Extrait des Regiftres du Confeil d'Eftat.

LE ROY ayant par l'Arreft de fon Confeil d'Eftat du neu-viéme Février dernier, levé les Deffenfes que Sa Majefté avoit Ordonné, de faire Sortir de la Chaux pour les Païs Eftran-gers, par la Flandres ; Et en ayant Permis la Sortie, à condi-tion de payer au Fermier des Cinq groffes Fermes & autres Unies, Dix livres fur chacun Laft de douze Tonnes, pour tous Droits de Sortie, & ce pendant trois mois, lefquels eftant ex-pirez dés le neuf du mois de May fuivant : Et voulant pourvoir

aux

aux tres-humbles remontrances qui luy ont esté faites par les Habitans & Negocians de la Flandres & autres Païs Conquis. S A
MAJESTÉ ESTANT EN SON CONSEIL, A Per-
mis & Permet ausdits Habitans & Negocians de la Flandres &
autres Païs Conquis, de faire Sortir la Chaux, en payant aux
Fermiers des Cinq grosses Fermes & autres Unies, Trente-six sols
pour chacune Croye mesure ordinaire de Tournay, & ce jusques
à ce que par Sa Majesté il en soit autrement Ordonné. ENJOINT
aux Sieurs Intendans & Commissaires Départis en Flandres, de
tenir la main à l'execution du present Arrest. FAIT au Conseil
d'Estat du Roy, Sa Majesté y estant, tenu à Versailles, le septié-
jour d'Aoust mil six cens quatre-vingt-quatorze. Signé , PHE-
LYPEAUX.

ARREST

DU CONSEIL D'ESTAT DU ROY,

Du dixiéme Juillet 1696.

QUI ORDONNE Que les Fayances Manufacturées
à Haguenau en Alsace, & autres Provinces de la
Domination du Roy, qui ne sont Estrangeres qu'à
l'égard des Cinq grosses Fermes, ne payeront que
Dix livres du Cent pesant à l'Entrée : Et que celles de
la Manufacture d'Hollande & autres Païs, payeront
Vingt livres du Cent pesant , conformément à l'Arrest du Conseil du dix-huit Juin 1668.

Extrait des Regiſtres du Conseil d'Eſtat.

SUR ce qui a esté representé au Roy en son Conseil, par
les Interessez en la Manufacture de Fayance, establie par Privilege de Sa Majesté en la Ville d'Hagueneau, Province d'Alsace ; QU'ENCORE, que les Droits d'Entrée sur la Fayance,

R

foient Tarifez au Tarif General de 1664. à Dix livres pour Cent pefant, Neantmoins les Receveurs des Traites à l'Entrée de la Champagne, prétendent en exiger Vingt livres, fous pretexte d'un Arreft du Confeil du dix-huit Juin 1668. Lequel a déclaré que la Fayance a efté obmife au Tarif de 1667. Portant Augmentation des Droits ordonnez par celuy de 1664. à la Sortie & Entrée de certaines Marchandifes Eftrangeres ; Et en conféquence Tariffé la Fayance d'Hollande & autres Païs Eftrangers, à Vingt livres le Cent pefant. Mais d'autant que les Augmentations du Tarif de 1667. n'ont eu pour objet que certains Païs Eftrangers, & non ceux de la Domination de Sa Majefté, & que la Province d'Alface n'eft Eftrangere qu'à l'égard des Cinq groffes Fermes feulement ; Requeroient que le Droit demeura fixé aux Dix livres, d'autant plus que fi l'on en vouloit exiger Vingt livres la Marchandife ne pourroit les fuporter, & ils feroient par conféquent obligez d'abandonner une Manufacture ; dont l'eftabliffement a efté trouvé avantageux par Sa Majefté. Veu ladite Requefte ; Communiquée à Pierre Pointeau, Fermier General des Cinq groffes Fermes & autres y jointes ; Et fa reponce : Oüy le Rapport du Sieur Phelypeaux de Pontchartrain, Confeiller Ordinaire au Confeil Royal, Contrôlleur General des Finances. LE ROY EN SON CONSEIL, A Ordonne' & Ordonne, Que la Fayance Manufacturée à Hagueneau en Alface, & autres Provinces de la Domination de Sa Majefté, qui ne font Eftrangeres qu'à l'égard des Cinq groffes Fermes, ne payera que Dix livres du Cent pefant à l'Entrée, conformément au Tarif de 1664. & que celle de la Manufacture d'Hollande, & autres Païs hors la Domination de Sa Majefté, payera Vingt livres du Cent pefant, conformément à l'Arreft du Confeil du dix-huitiéme Juin 1668. Fait au Confeil d'Eftat du Roy, tenu à Marly, le dixiéme jour de Juillet mil fix cens quatre-vingt feize. Collationné. Signé, RANCHIN.

ARREST

DU CONSEIL D'ESTAT DU ROY,

SA MAJESTE' Y ESTANT,

Du seiziéme Octobre 1696.

QUI ORDONNE, Qu'à commencer du premier Novembre prochain, il sera Levé & perçû à toutes les Entrées de France, tant des Cinq grosses Fermes, que des Provinces & Païs reputez Estrangers & Conquis sans exception, Dix livres sur chacune livre pesant de Lapin en poil ; Et Quatre livres sur chacune livre pesant de Lapin en peau : Et fait deffenses à Maistre Pierre Pointeau, ses Procureurs & Commis, de moderer lesdits Droits, &c.

Extrait des Registres du Conseil d'Estat.

LE ROY estant informé qu'il se commet divers abus dans la Manufacture des Chapeaux, qui doivent estre de pur Castor suivant les Satuts, & que ces abus proviennent plus particulierement du mélange de matiere prohibées dans ladite Manufacture, sur tout du poil de Lapin, que les Negocians & les Chapeliers font venir des Païs Estrangers en peau & en poil, mesme défectueux. A quoy estant necessaire de pourvoir : Oüy le Rapport du Sieur Phelypeaux de Pontchartrain, Conseiller Ordinaire au Conseil Royal, Contrôlleur General des Finances. SA MAJESTE' ESTANT EN SON CONSEIL, A ORDONNE' & Ordonne, qu'à commencer du premier Novembre prochain, il sera Levé & perçû à toutes les Entrées de

R ij

France , tant des Cinq Groſſes Fermes, que des Provinces &
Païs reputez Eſtrangers & Conquis, ſans exception, Dix livres
ſur chacune livre peſant de Lapin en poil, & Quatre livres ſur
chacune livre auſſi peſant de Lapin en peau. FAIT Sa Majeſté
défenſes à Maiſtre Pierre Pointeau, Fermier general des Fermes
Unies, ſes Procureurs & Commis, de moderer leſdits Droits à
peine d'en répondre chacun en leur propre & privé nom, & de
Trois mil livres d'amende pour chacune contravention ; deſquels
Droits ledit Pointeau ſera tenu de Compter au profit de Sa Majeſté, outre & pardeſſus le prix de ſon Bail. ENJOINT Sa Majeſté aux Sieurs Intendans & Commiſſaires Départis dans les Provinces & Generalitez, & à tous ſes Officiers & Sujets, de tenir
la main à l'execution du preſent Arreſt, qui ſera Lû, Publié &
Affiché par tout où beſoin ſera, & executé nonobſtant Oppoſitions ou empeſchemens quelconques, pour leſquels ne ſera diffe-
ré. FAIT au Conſeil d'Eſtat du Roy, Sa Majeſté y eſtant, tenu
à Fontainebleau, le ſeiziéme jour d'Octobre mil ſix cent quatre-
vingt-ſeize. Signé, PHELYPEAUX.

*Collationné aux Originaux, par Nous Conſeiller Secretaire du
Roy, Maiſon, Couronne de France & de ſes Finances.*

TABLE

ALPHABETIQUE,

Des Marchandises, Denrées & Manufactures, sur lesquelles les Droits d'Entrées & de Sorties, ont esté Augmentez, par les Declarations & Arrests contenus en ce Recüeil.

ENTRE'ES.

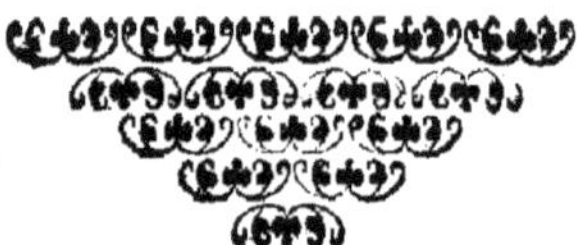